生命，因**閱讀**而**大好**

給大人的關係心理學

모든 관계는 심리학으로 풀린다

建立界線的藝術，找回關係主導權，
打造無懼人言的強大內心

柳惠寅 류혜인——著
張召儀——譯

Prologue

用心理學化解關係中的壓力

為求建立良好的人際關係，有不少人認為「只要我主動接近並釋出善意，對方就會對我敞開心扉」。然而，這樣的想法其實非常天真，人際關係遠比我們想像的複雜，很多時候無法隨心所欲。

某些人我們渴望親近，但無論怎麼做都熱絡不起來；某些人我們恨不得敬而遠之，卻無可奈何地必須假裝熟稔。此外，有時我們認定為同一陣線的朋友，可能會突然倒戈相向，或者因為自己的失誤，導致原本友好的關係破裂。每當遭遇類似的情況，我們都會為人際關係上的壓力感到疲憊，並且不斷思考該如何才能與他人維持正向的互動。

有些人會建議斬斷所有對自己造成創傷的關係，但這種方式有點不切實際。為了生計，我們不得不與討厭的上司或同事和平相處，家人之間的關係亦不是說斷就斷，而那些偶爾會讓人感到困擾的朋友或戀人，也尚未走到必須斷絕來往的地步

——就像這樣，對我造成傷害的對象，很多時候和我有著密不可分的聯繫。因為不自在或倦怠，就選擇和所有人斷絕關係，這樣的做法並不能享受到自由，反而會更加孤獨與寂寞。那麼，如果想保護自己不受侵害、從人際關係中的壓力解放，究竟該怎麼做比較好呢？

問題的答案，我認為可以從心理學著手。性格內向又敏感的我，過去非常在意他人對我的言行有什麼樣的反應，因為不曉得該如何處理人際關係，所以經常受到巨大的壓力。直到在大學、研究所接觸了心理學，我才發現人際關係上的各種問題，都可以用心理學來化解。我將習得的知識套用在生活裡，因此獲得極大的助益。尤其在擔任諮商專門教師的期間，我對來談者的苦惱深感共鳴，在一起探尋解方的過程裡，心理學也派上了用場。看著學生們的問題迎刃而解，我又再次領悟到心理學的威力。

因為利用心理學來化解人際關係的問題，現在的我，幾乎不曾因為人與人的互動而受到壓力。當然，有時仍然會無法理解某人的言行，也會因鬱悶而湧起怒火。不過，借助心理學的力量，我能充分理解對方和自己的心態，盡速擺脫他人的影響，重新找回平靜的心。

隨著經驗的累積，我漸漸產生了利用心理學幫助人們解決煩惱的想法，而這本書，就是我不斷蒐集並整理資料、長期努力之下的結晶。

若想和他人建立良好的關係，理解人與人之間的心意流動是非常重要的。然而，很多人會不顧對方的想法，只把自己的情感置於首位，讓關係逐漸產生裂痕；最後，更以不想再受到傷害為由，選擇與對方斷絕來往。這樣的方式，無法根本地解決問題，若想擺脫因人際關係而產生的煩惱和壓力，就必須摒棄只在乎自己的習慣，努力理解雙方的心理狀態。這也是為什麼我們要活用心理學來解決人際問題，因為所謂的心理學，正是以科學方法來研究人類心理的一門學問。

在這本書裡，詳細分析了我們面對人際關係時的各種煩惱，並利用許多不同的心理學實驗和理論，逐一提出解決問題的方法。除了因對方言行所引發的狀況，亦討論到「因我而衍生」的難題。因為在人際關係裡，每個人都有可能受到傷害，或者對他人造成創傷。

並非只有不懂得應對進退的人，才會對人際關係陷入苦惱。只要在社會上生活，就一定會碰到人際方面的問題。因此，與其用個人有限的觀點和視角苦尋解方，不如透過人類長期研究、累積的心理學知識來解決問題。唯有如此，才能找到既絕妙又具有說服力的現實對策。我相信，這本書將能徹底發揮作用。

假如你正因人際關係而陷入困境，一定能用這本書提出的心理學處方，緩解關係中的疑難雜症。願我們都能理解人與人之間的心意流動，從關係的苦惱和壓力中釋放。

最後，我想向親愛的家人們表示感謝，在寫書的過程裡，他們毫無保留地給予我支持。此外，也衷心感謝朋友們花時間閱讀我尚未成熟的初稿，並以坦率、切實的反饋提高了本書的完整性。

柳惠寅

目次

Chapter 2
坦然自信，避免誤會的心理學法則

Chapter 3

不費力就能贏得好感的心理學法則

Chapter 4

應對無禮之人的心理學法則

Chapter 5

擺脫執著，迎向自在的心理學法則

Chapter

1

不在關係中受創的心理學法則

先愛自己，再愛別人：好人症候群

我們都想成為好人，也渴望獲得喜愛，這樣的心態再自然不過。但是，如果這種想法過於執著，導致自己不斷察言觀色、擔心被他人討厭而畫地自限，就應該確認看看自己是否有「好人情結」。

只對別人善良，就無法過好自己的人生

有好人情結的人，總是配合他人的喜好做決定，無法根據自己的判斷來行動，因為他們害怕自己「被討厭」。為了討好他人，他們會拚命地努力，不斷檢討自己的行為是否讓對方滿意，以及對方是否對我擁有正面評價。此外，比起吐露真實的想法和情感，他們更傾向說出符合情境的場面話。

好人情結，也會讓人無法吐出心中的怨氣。「憤

怒」，是表達自己厭惡某件事的情緒，但擁有好人情結的人，在生氣時反倒會產生罪惡感與焦慮。

或許有些人會感到疑惑：比起只顧自己，為他人著想有什麼不對呢？與其把心中的怒火發洩出來，不如退一步海闊天空，這樣不就能和平相處了嗎？當然，這樣的說法也沒有錯。

不過，好人情結的問題，在於這種關懷只針對他人，對自己卻沒有半分體貼。即使感到傷心、煩躁、委屈或疲憊，也絕對不會表露自己的情感。「忍過去就算了」、「只要我做得更好即可」，抱持這樣的想法，無法真正過好自己的人生。

那麼，若想擺脫好人情結，究竟該怎麼做呢？其中一個方法就是「建立界線」。我們可以試圖理解他人的立場，但追根究柢，對方有自己的生活，而我也必須正視自己的人生。此外，更為具體的方法，就是「練習拒絕」。

好人情結的代表性特徵是難以拒絕他人，因為他們害怕被貼上「自私」的標籤，就此被對方討厭。雖然他們深知這種恐懼不合理，且就算拒絕他人，也不會導致嚴重的情況發生，但他們依舊難以開口說不。人生在世，拒絕是守護自我不可或缺的手段，而我們要學習的，只是如何在拒絕時，把對彼此的傷害降到最低。

守護自我的四階段拒絕練習

◇第一階段：用「我考慮看看」暫時退守

此處需要銘記的一點是「我考慮看看≠我拒絕」，即使我們自認為用委婉的方式表達拒絕，對方也很有可能不知情。因此，必須盡快明確地告知對方拒絕的意向，例如「我考慮過了，覺得不可行」等。這個方法的優點，是不用與對方直接面對面，可以透過電話或文字來傳達，某種程度減輕了心理負擔。此外，也可以防止自己無條件應允，能爭取一段時間考慮那件事對自己的必要性、有沒有時間完成、造成多大的壓力等。

◇第二階段：培養懂得拒絕的思維

陷入好人情結時，通常會反射性地回答：「好，好！沒關係！」不習慣向他人說不。因此，平常要訓練自己勇於表達拒絕之意，事先想好有哪些說法可以派上用場。此外，在受到委託或做決定時，如果經常感到猶豫和混亂，很可能是因為自己的標準不夠穩固。因此，不妨思考一下自己最看重的價值是什麼。例如「我很重視和家人一起度過的時間」，那麼就可以告知對方「我已經和家人有約，那天無法安排其他行程」，相對輕鬆地婉拒對方的提議。

◇ 第三階段：不必煩惱該以什麼理由拒絕

我們之所以覺得拒絕很難，其中一項原因，就是認為自己必須擬定一套足以說服對方的完美劇本。這樣的想法，出自於「我努力想幫你，但情況不允許，絕對不是我的問題，並非我能決定，請別埋怨我」的心態。然而，在表達拒絕之意時，其實沒有完美的劇本也無妨；即使理由模糊不清，對方也很可能一點都不在意。

這項論點源自於哈佛大學艾倫．朗格（Ellen Langer）教授的實驗。

在大排長龍的印刷店前，實驗助理插隊表示：

「不好意思，可以讓我先用嗎？」

這時，大約只有三分之一的人願意讓步。不過，當助理改變說詞之後：「不好意思，可以讓我先用嗎？因為主管要我馬上把資料拿過去。」幾乎所有人都願意讓他先使用。

實驗結果其實一點也不讓人意外，因為後面附加的理由，足以獲得他人的共鳴與認可。於是，研究團隊又另外設計一個情境，其中最令人玩味的就在理由的部分。

「不好意思，可以讓我先用嗎？因為我必須要先用。」

發現了嗎？理由和前一句話幾乎一模一樣，聽起來荒誕無稽。

而令人驚訝的是，雖然讓步人數不如第二次實驗多，但也有百分之九十三的人願意退讓！

以此為基礎，研究團隊發現，如果在請求後面添加「為什麼」，取得同意的機率就會增高。亦即，人們需要的只是「理由」，而非理由的「內容」。因此，就算告訴對方「那個不行，因為就是不行」、「事情要快點完成，因為就是要快一點」，還是有可能神奇地獲得他人應允。同理可證，在婉拒對方時，其實不用以完美的理由仔細交代前因後果。舉個極端的例子，如果對方詢問「為什麼不行」，簡短地答覆「因為就是不行」，有時也能順利過關。當然，偶爾還是會碰到有人反應「你在說什麼啊」，畢竟不管走到哪裡，總是免不了有例外。

◊第四階段：聚焦在拒絕的好處

如果向對方表示了拒絕，與其沉浸在罪惡感、後悔或愧疚裡，不如把焦點放在因拒絕而獲得的好處上。例如婉拒同事分擔工作量的請求後，與其在歉意裡掙扎，花時間猜測對方會不會討厭我，不如回頭想想拒絕所帶來的優點，像是「因為婉拒了同事的請託，所以現在得以享受片刻悠閒」、「因為拒絕了對方的請求，所以現在可以和好朋友相處久一點」等，就能有效減少內心對拒絕的恐懼。

問題不在於拒絕，而是拒絕時的態度

具有好人情結的人，無法以斬釘截鐵的態度拒絕他人。他們會想盡一切辦法不讓對方受傷，小心翼翼地婉拒，而對方通常也能體會這種禮貌性的拒絕。

被好人情結所困的人，在拒絕他人時所產生的愧疚，其實並非真正的罪惡感，而是單純因不安所引起。對方和你想像的不同，不會一直把拒絕放在心上，光是你自責的模樣，就足以讓對方諒解。很多時候，人們在被拒絕時感到受傷，是因為對方的態度傲慢無禮，因此，如果在表達拒絕時已具備適當的禮儀，內心就不必過於糾結。

伊莉莎白．庫伯勒．羅絲（Elisabeth Kübler-Ross）和大衛．凱斯樂（David Kessler）也在著作《用心去活：生命的十五堂必修課》（*Life Lessons*）裡強調，雖然父母被子女拒絕會產生挫折，但讓孩子在適當的階段學會說「不」，也是教育裡重要的一環。因此，讓我們試著放下愧疚，專注於每次拒絕時所感受到的自由吧！

順其自然，或無條件用愛包容：內在運作模式

就像「關上心門」這句話一樣，人們有時會切斷與外界的聯繫，渴望獨處的時光。這種情感雖然無可厚非，但若超過一定的限度，就會引發各種問題。例如把自己關在房間裡，一步也不肯離開，或者與他人發生爭執時，就連續幾週都沉默不語。這類型的人，認定人際關係只會帶來創傷，所以乾脆選擇「不要與人接觸」。

這種迴避型的行為，大多源自於「無力感」，在人際關係裡，他們經歷的傷痛遠比快樂還要多。因此，他們總是覺得「就算再努力，也不會有什麼改變」，不如「你走你的陽關道，我走我的獨木橋」。為了不再受傷害，他們斷絕與外界聯繫，躲進了只屬於自己的洞穴裡。

他們認為自己經常遭到世人的批評和拒絕，所

以抱著「生不逢時，我不適合這個世界」的想法度日，不僅迴避與社會交流，在認知、行動或情感上，也表現出迴避的態度，不考慮「我」與「他人」之間的「關係」，也不願進一步觀察自身的情感。因為不想面對與人相處時可能產生的各種痛苦，他們每天都假裝若無其事，抗拒感受世上的一切。

創傷來自於何處？

這種迴避型依附關係的形成，與嬰幼兒時期的主要養育者密切相關。一般人的主要養育者為親生父母，或者根據情況的差異，有可能是祖父母、兄弟或親戚；如果是孤兒，則可能由陌生人來養育。發展心理學家約翰・鮑比（John Bowlby）指出，嬰幼兒時期是「內在運作模式」（Internal Working Model）形成的重要階段，足以影響人的一生。所謂的「內在運作模式」，指的是幼時與依附對象建立的關係及認知模式，成為日後看待「我」、「他人」與「世界」的框架。且令人感嘆的是，鮑比認為幼年時期奠定的框架，幾乎一生都不會再有變動。

例如孩子因飢餓而哭泣時，主要養育者卻抱怨：「又在哭！因為你，我都快活不下去了！你為什麼要讓我這麼累？」這樣的反應，會讓孩子形成以下的負面內在運作模式。

我｜「我是給別人帶來麻煩的存在。」

他人｜「他人不怎麼喜歡我。」

世界｜「這個世界不歡迎我。」

相反的，如果主要養育者一察覺到孩子的飢餓，就馬上給予親密的反應：「哎呀，我的小寶貝餓了嗎？我準備吃的給你。寶貝，我愛你～」就會形成以下的正面內在運作模式。

我　「我是被愛的存在。」

他人　「他人很喜歡我。」

世界　「世界是個值得信任的地方。」

擁有正面的內在運作模式，就不會害怕和他人相處；反之，如果是負面的類型，和他人共處時就會感到不自在，覺得處處潛藏著危機。

我們偶爾會在媒體上看到路人發生衝突的新聞，像是「他的眼神充滿歧視，所以我才動手的」。當然，有可能對方真的投以不友善的目光，但也有可能雙方只是不小心對到眼，當事人卻以負面角度來解釋對方的行為。亦即，擁有正面內在運作模式的人，碰到有人盯著自己或露出笑容時，容易覺得對方「似乎對我有好感」；相反的，擁有負面內在運作模式的人，則容易產生「為什麼一直盯著我看？是在嘲笑我嗎？」的念頭。

如前文所述，如果過於赤裸地對子女表現出厭惡，或者未能提供良好的照顧，會讓孩子形成不穩定的依附，導致他們長大成人後在人際關係上遭遇困境。

改變自己對世界的認知

那麼，依附關係不穩定的人，是不是真如鮑比所言，於內在運作模式形成後，一生都不可能改變呢？其實，一切都取決於自己的選擇——是要順從幼年時期被賦予的環境？還是要用自己的力量，試著去改變那難以撼動的認知框架？

如果選擇帶著不穩定的依附關係過日子，那麼任誰也勸不動；假如下定決心追求改變，不妨試試以下這兩種方法。

第一，練習溝通。亦即察覺自己的情感，並練習將情緒表達出來。當遇到問題時，必須在迴避對方、無視自身情感及斷絕關係之前停下來，做出與以往不同的行動。為了順利達成目標，不妨以周圍能順利融入人群的對象為榜樣，學習應對進退的方法。仔細觀察他們如何婉拒他人、遇到不公正的事會如何處理，以及對話時如何給予對方共鳴，就算一開始有點尷尬，也請跟著嘗試看看。

第二，撰寫情感日記。思考並記錄日常發生了哪些事，由此感受到哪些情緒，可以用什麼樣的方式來表達，以及對方出現什麼樣的反應等。

每天堅持寫日記是一件非常辛苦的事，這點我想大家都很清楚。不僅要投入大量的時間，偶爾也會忍不住質疑：「我為什麼要寫這個？寫了之後會有什麼改變嗎？」不過，如果真心追求變化，就必須練習面對自己和他人的情緒，從中學習應對的方法。

以寬厚的心與迴避型的人相處

前面我們從躲在洞穴裡的人的立場出發，說明了該怎麼做才能重新回歸世界。接下來，我們要談談站在洞穴外的人，該怎麼做才能幫助洞穴裡的人走出來。對迴避型的人來說，洞穴外充滿了虎視眈眈的猛獸，無論我們如何在洞外喊「這裡很安全，出來看一下，和我聊聊吧」，他們也不可能輕易相信。即使好不容易鼓起勇氣走出來，也會因為一點微小的刺激而受驚，立刻縮回洞穴。

因此，如果想和他們好好相處，就要以真心傳達「我非常珍惜你，希望你能輕鬆自在」。倘若只顧個人感受，指責「你到底想怎樣？還不振作起來」，反而會對他們造成二次傷害。

不過，即使已傳達了真心，有些人依然不願輕易接受。尤其在戀人或朋友中，經常可見在吵架後就避不見面，俗稱「潛水」（搞失蹤）的類型。一旦出現矛盾的氛圍，就算是可以互相商議解決的問題，他們也會拒接電話或逃離現場，完全不打算溝通，讓人鬱悶至極。當然，每個人都有想逃避的問題，但依附關係不穩定的人，總是無條件選擇長期迴避。

面對此類型的人，有兩種方法可以派上用場。**第一，乾脆當對方不存在**。這裡指的絕對不是貶低或無視，而是接受對方最原本的模樣，放任他們按照自己的心意行動。換句話說，就是把對方在我心裡的位置縮小，回到獨處的狀態。不要刻意去等待，否則很容易愈等愈憤怒。當我們把心靈淨空，對方有時就會自己出現，我們只要以寬容的心接納即可。

第二，以更寬厚的愛去理解對方。例如情侶之間發生了爭執，對方選擇斷絕聯繫。此時如果沒有分手的念頭，就要以無條件的愛去包容對方。趁早放棄「付出就要有回報」的心態，告訴自己「因為愛，所以我選擇了這個人，願意守候在他身邊」，以寬和的視角看待一切。總有一天，對方定能理解我們的用心。

工作要完美，關係則無須如此：強迫與放鬆

義大利著名的天才雕刻家、畫家、建築師兼詩人米開朗基羅，曾受命繪製西斯汀禮拜堂的穹頂畫。當時，他在梯子上仔細地畫著一個又一個人物，某位朋友看見他的模樣，如此問道：

「你為什麼要那麼辛苦，在細微的角落畫一些根本看不見的人物，誰會在乎那種地方畫得完不完美啊！」

「我會在乎。」米開朗基羅回答。

這段軼事，充分突顯出米開朗基羅完美主義者的一面，也讓人不禁感嘆，才華洋溢的他為了追求完美，背後其實付出了許多努力。不過，如果從另一個角度來看，情況就完全不同了。像米開朗基羅這樣的完美主義者，只有「遠觀」時才值得欽羨。設想一下，假如追求完美的米開朗基羅是你的主管，你會作何感想呢？

韓國電影導演羅泓軫也是出了名的完美主義者。在拍攝電影《哭聲》時，他曾在美術組的徵人公告中寫道：

「我是羅泓軫導演。懂了吧……？」

當然，把事情做得完美無缺，本來就沒有什麼壞處。假如我們懷著期待的心，打開苦等許久的宅配包裹，卻發現裡面的衣服有瑕疵，或者自拍棒的藍芽系統怎麼也連接不上，一定會埋怨賣方沒有確實做好品管，然後在網路上留下不滿的評價：「以後請確認好商品再寄送。」從消費者的立場來看，沒有人會討厭完美。

人際關係上的完美只是絆腳石

想完美地達成工作是件好事，但問題就出在進行的過程。加拿大多倫多約克大學的心理學家戈登．弗萊特（Gordon Flett）指出，完美主義傾向會助長壓力與不安，對情感、身體和人際關係產生負面影響，最終可能導致憂鬱症，嚴重的話還會出現自殺意圖。

完美主義者為了達到自己訂立的高標準，不僅會自我折磨，還會嚴厲要求周邊的人。因此，當身邊的人發生失誤，他們會變得極度敏感：「這麼簡單的事，怎麼能做錯呢？」長此以往，與周圍人的關係自然愈來愈差。如果想讓自己變得完美，過程或許十分痛苦，但實際上這些行為屬於個人的自由。完美主義者的問題在於，強迫他人也要跟著追求完美；換句話說，他們樹立自己的理想與目標，然後強行要求他人配合。

因此，對於他人做得好的部分，他們會認為理所當然；稍有不足之處，就會緊咬著不放。雖然可以理解是為了往更好的方向前進，但若每次都以責備的方式逼迫，必然會讓人感到倦怠。當然，一開始對方也會盡自己最大的努力，試圖配合完美主義者的標準，總是在腦海裡反覆檢討，表現得兢兢業業。

但是，隨著時間流逝，對方也會漸漸質疑：「為什麼只有我要努力？你在我心目中就很完美嗎？我已經竭盡全力，到底還要我怎麼做！」因此，在人際關係裡，如果一切都很美好，只有少數幾件事差強人意，請不要勉強彼此去補足，最好試著接納眼前的狀態，這是讓人際關係圓融的捷徑。

完美主義的另一個問題，就是所謂「懶惰型的完美主義」——認為不完美就失去意義，最終什麼也不做。這樣的人為了追求完美，反倒對自己形成束縛，無法有效率地展開工作，最後又以「垃圾」來自我貶低。或者，他們也可能將事情拖到不能再拖，最後以抱佛腳的形式完成，再安慰自己「能在短時間內趕完已經很好了」、「如果我再用心一點，成果肯定更棒，這不是我真正的實力」。

懶惰型的完美主義者，很容易變得軟弱無力，在面對困境時有迴避的傾向。完美主義會產生強迫性思維，而強迫性思維則會帶來不安的情緒。因為事事都想追求完美，最終反而讓身體動彈不得。

降低不安的三種方法

那麼，在追求完美的同時，難道就無法對失誤表現出寬容，達成適當的成就嗎？

對此，首爾大學精神健康醫學科的尹大賢（윤대현）教授，曾在 YouTube 節目《成

長問答》中，提供三種降低不安的方法。

第一，發呆放空。在發呆時，不安的感覺會消散，換句話說，就是將自己調整為「脫離任務」的狀態。例如閱讀時，如果我們想著「讀完這本書就會成功」，內心的不安感將隨之上升；相反的，如果我們只是基於興趣而閱讀，讀書就會變成一種休閒。

第二，運動。運動時，最好別像寫作業一樣按表操課，應該當成一種樂趣來進行。

第三，將目標值訂得低一點。舉例來說，因為擔心成績退步，所以把複習進度訂得龐雜，如此一來，無法達成的機率就很高。假如達不到目標，學習的欲望和動機便會下降，導致內心變得更加不安，形成一種惡性循環。因此，規劃進度時不要以「解完一百題數學」為目標，應該大幅減少為「解完兩道數學題」。換句話說，與其達不到目標徒增挫敗感，不如從小計畫開始累積成功的經驗。

英國的心理學家佩內洛普．約翰遜（Penelope Johnson）也建議，比起全力治療完美主義，更應該集中於降低壓力。艾倫．寇特（Ellen Kort）有一首與此相關的詩作

〈給初學者的建議〉（*Advice for beginners*），節錄如下：

開始吧，
重新開始吧！
把所有東西都咬一口。

偶爾徒步去旅行。
教自己如何吹口哨。
學習說謊。

隨著年紀增長，
人們只想
聽你自己的故事。
創造你的故事吧！

和石頭們搭話，

在月光下的
大海裡浮潛。
學習怎麼死。
在雨中赤裸著奔跑。

該發生的
一切都會發生。

沒有什麼
能保護我們
倖免於難。

靜靜地臥於
流水之上。

然後，早餐別吃麵包，
以詩來取代。

別追求完美主義，
成為經驗主義者吧！

這裡我想強調的，是詩裡畫龍點睛的最後一句：「別追求完美主義，成為經驗主義者吧！」

沒必要迎合完美主義者的要求

如果身邊有完美主義者，千萬別被他們的指責或建議給絆住，他們的問題並不等於你的問題。完美主義者的標準高於一般人，任何事都容不下一丁點缺失。當然，在工作上追求完美的態度，既了不起又值得尊敬，但若以此為藉口而對他人橫加指責，我們也確實沒必要默默忍受。透過稱讚或勸告等方式，也可以督促他人追求完美；完美主義者可以為他人指明方向，但沒有資格予以強迫。

在看似十全十美的背後，完美主義者其實經常處於不安狀態，無論如何勸說，當事人都很難放鬆下來。因此，不如陪伴對方做一些有助於舒展身心的活動，像是休息時間一起散步，或進行簡單的伸展運動等。幫助降低焦慮情緒，也是與完美主義者相處的一種方式。

別過分釋出善意：互惠原則

有一種類型的人通常不受歡迎，那就是「只在自己需要時才與他人聯繫」的人。他們平時無消無息，只在自己感到無聊或有事請託時，才主動與他人聯絡。面對這種情況，人們大多有自己被利用的感覺，產生「他有為我做過什麼嗎？每次都只在需要時才和我聯繫」、「把我當冤大頭嗎？」等想法。

需要時才聯繫，真的錯了嗎？

仔細思考看看，朋友不就是在無聊或有事需要幫忙時，在腦海中浮現的對象嗎？若進一步拆解「只在自己需要時才聯繫的人」這句話，會發現我們其實非常看重平常是否持續且頻繁的聯絡。然而，當學校、職場、生活舞台或朋友圈不同時，即使關係再親密，一年也很難見上幾次面，更何況稱不上朋友的點頭之交。

我們都只是在生命的某一個交叉點上相遇，如果時間和空間發生變化，就會重新過上各自的人生。接著，當需要援手時，我們會主動與他人聯繫，而是否接受請託，選擇權當然取決於對方。

有些人談及內心不是滋味的理由，在於「他不過就請我吃頓飯、喝杯茶，接著就開始切入正題」。然而，在向他人提出委託時，以禮尚往來的態度，請對方吃飯或喝茶，有什麼好不以為然的嗎？從當事人的立場來看，不是已盡了該盡的禮數嗎？

「我需要幫忙時，你卻不在」的失落感

其實，這種「有計畫的行動」之所以讓人不是滋味，背後另有其他原因。真正的問題，不在於平時不聯絡，有需要時才突然出現，而是「當我需要幫忙時，你卻不在我身邊」的失落感。亦即，當我有事請託，卻聯繫不上你；遇到困難時，別說給我安

慰，連回信也充滿了事不關己的態度。這樣的創傷，會讓人覺得對方很自私，不禁開始思考「這種人還算朋友嗎」、「要不要乾脆斷絕來往」。

事實上，這種心態隱藏著「社會交換理論」，也就是將社會相互作用的行為視為補償關係。因此，若向某個人施以善意，對方也要給予相應的回報，這種「互惠原則」成為維持社會秩序的基礎。關於這一點，我們可以從心理學家丹尼斯·里根（Dennis Regan）進一步了解。

研究團隊讓受試者和隨機分配的搭檔一起評價畫作，不過，這個實驗真正的目的不在於評分，隨機分配的搭檔其實也是工作人員。當受試者認真檢視畫作時，假的搭檔也在一旁裝模作樣。接著，到了休息時間，偽裝成搭檔的工作人員買來兩瓶可樂，將其中一罐分給受試者，然後詢問道：

「其實我有多的電影票，你能跟我買嗎？」

不管怎麼看，這樣的請託多少有些勉強。明明才初次見面，就要求受試者收購自己手上的電影票。然而，令人驚訝的是，和沒有分享可樂的對照組相比，贈送可樂後再開口要求，受試者答應收購票券的機率足足高出了兩倍。因為他們覺得自己受到款待，理應有所回報。

只有自己需要時才聯繫的朋友，可以看作是違反了這種「互惠原則」。亦即，我有所付出，但沒有得到過任何補償，社會交換並未正常實現。因此，對方會自然而然地將自己的付出最少化，導致彼此的關係愈來愈疏遠。

「禮尚往來」的必要性

如果想避免自己被貼上「只在需要時才聯絡」的標籤，可以在春節或中秋節等節日傳達問候，或者在對方生日時送上一點小禮物。

其次，雖然意思相同，但比起「因為無聊所以聯絡你」，更推薦換一種說法，像是「因為想到你所以聯絡看看」、「因為想聽你的聲音所以打給你」等。

另外，對他人提出請求時，務必遵守該有的禮儀。如果用理所當然的語氣命令對方，聽的人必然會感到不悅。因此，提出請求時應該慎重且有禮，並確實表達心中的感謝。

尤其碰到下面這種情況，務必要認真地應對。例如朋友因為心情低落而和我聯絡，但當下我沒能給予適當的回應，這種時候，一定要再找時間主動聯繫朋友。俗話說「患難見真情」，如果未能在對方遭遇困境時伸出援手，關係很可能會在不知不覺中斷絕。或許有些人覺得「真正的朋友應該能理解」，但在「Give and Take」的世界裡，這樣的行為很難被接納。

國際知名的工業組織心理學家亞當．格蘭特（Adam Grant），曾將人們分類為偏好付出的「給予者」（Giver）、喜歡獲取的「索取者」（Taker），以及獲得多少就回報多少的「適應者」（Matcher）。據亞當．格蘭特的統計結果顯示，大多數的人都是「適應者」。也就是說，禮尚往來的態度支撐著大部分的人際關係，只想索取的人自然而然會被疏遠。

比起索取，人們更喜歡給予

人們總是希望自己付出多少心血，就能得到多少回報——然而，這樣的心態正是在關係裡斤斤計較的元兇。「只有自己需要幫忙時才聯繫我，我需要幫助時都找不到人」，當你產生「埋怨」的想法時，其實就是從「獲利和損失」的觀點在看待人際關係。

人們經常害怕自己看起來好欺負，或者單方面付出熱誠，所以不願成為「給予者」。據亞當．格蘭特的研究顯示，學業成績或工作業績最低的人，幾乎都是「給予者」。因此，人們為了保護自己不吃虧、不受傷，通常都會計算對方付出了多少，然後再原樣地還給對方。

但令人驚訝的是，同一份研究結果，成績和業績最高的人，也全都是「給予者」。仔細回想，如同統計數據所示，在我們身邊深得信任之人，不是虎視眈眈等著掠奪的「索取者」，也不是得到多少就回饋多少的「適應者」，而是願意率先分享、隨時準備好提供援助的「給予者」。

這類型的人內心充滿善意，不容易受到利益得失影響。當然，無論何時何地都不吃虧，能夠守護好自我的人很了不起，但在可能蒙受損失的情況下，還能保有內心堅韌的人，其實更加帥氣又有魅力。

別為性格扭曲的人糾結：認知有效性評估法則

戴上粉色眼鏡，世界就會變成粉紅色；戴上黑色眼鏡，世界就會變得一片黑暗。關係也是同樣的道理，隨著看待世界的觀點不同，對待他人的態度也會有所差異，進而影響到對方，形成彼此的關係。

關係會隨著我們的觀點發展

舉例來說，認定對方喜歡或不喜歡自己，會讓彼此的關係產生極大的差異。假設雙方約好了見面，但當天對方卻沒有出現，事前也完全沒有聯繫。這時，堅信對方喜歡自己的人，不會對眼前的情況陷入焦慮，而是以輕鬆的心情繼續等待，猜想「對方可能臨時有事，等等應該會聯繫我」。此外，他們也會擔心對方是不是發生了意外。

相反的，認為對方不喜歡自己的人，就會產生類似下列的想法：「看來你是忘記我們有約了，代表我對你而言是無關緊要的存在，怎麼可以這樣對我呢？」在不確定的狀況下，他們會產生負面想法，感到生氣或沮喪，最後甚至大哭大鬧。

同樣的，假設有人表示：「你的襯衫真好看，很適合你！」某些人可以笑著接受稱讚，並且向對方傳達感謝，但有些人則會暗自起疑：「什麼情況？為什麼突然讚美我？是不是有什麼陰謀？」

針對同一道問題，兩位好萊塢演員不同的回答，曾在網路上掀起了話題，下面就讓我們一起看看兩者的對比：

✚ 你是左撇子嗎？

A：不是的，但謝謝你把我視為一個有創意的人。

B：為什麼會對此感到好奇？

✚平常有運動的習慣嗎？

A：是！

B：現在是對我人身攻擊嗎？還是要求我必須運動？你覺得我應該運動是嗎？

✚你的故鄉是哪裡呢？

A：洛杉磯，比問我現在住在哪裡好呢！

B：我出生在薩克拉門托，七、八歲的時候搬到洛杉磯。我真的很不喜歡被問這種問題。

即使是相同的問題，隨著觀點不同，反應也會大相逕庭，就像是戴著粉色或黑色的眼鏡看待世界一樣。尤其是認定對方對我沒有好感時，就會像在生悶氣似地顯得特別敏感。

假設店員詢問「需要袋子嗎」，明明只要回答「好，給我一個袋子」即可，但他們卻會尖銳地回應：「不然你是要我直接抱著這些出去嗎？」接著，當店員告知「袋子要多加五十韓元」（約一塊新台幣）時，他們又會說「算了，我還是直接拿著走好了」。而在咖啡廳點美式咖啡時，若店員進一步確認「要冰的還是熱的」，他們就會這樣回答：「這種天氣難道要喝熱的嗎？」

這種類型的人，我們稱之為「性格扭曲」，亦即堅信他人會故意巧妙地攻擊自己，以這樣的觀點為基礎看待世界。因此，面對他人的讚美或無心之語，他們會做出尖酸刻薄的回應，導致對方難以熱情地延續話題。這種對應方式，最終會引發雙方的矛盾，而性格扭曲的一方也會更加不信任他人，形成一種惡性循環。

與此有關的理論叫作「庫里肖夫效應」（Kuleshov effect），是以電影導演暨電影理論家列夫·庫里肖夫（Lev Kuleshov）的名字命名。該理論指出，根據觀看者的視角不同，對同一物件的感受也會有所差別。在庫里肖夫的實驗中，當人們先看過熱湯、斜躺在沙發上的女人、孩子玩著小熊玩偶的影像後，再看到無任何表情的臉部畫面，會對該表情產生不一樣的認知。看完熱湯再看到無表情畫面，人們會覺得畫面中的演員正透露出飢餓；接在女人之後的無表情畫面，顯示的是欲望；而接在孩子之後，則給人欣慰的感覺。即使是同一個對象，根據觀看的方式不同，感受也會出現差異。

A (Alive)	我的想法、思維和信念，能讓我充滿活力嗎？
F (Feel)	我的想法、思維和信念，能讓我的心情變好嗎？
R (Reality)	我的想法、思維和信念是否符合現實？
O (Others)	我的想法、思維和信念，對其他人有幫助嗎？
G (Goal)	我的想法、思維和信念，對實現目標有助益嗎？

記住「一隻青蛙」法則

如果凡事都看對方不順眼，不妨試試所謂的「一隻青蛙」（A-FROG，擷取自各階段的第一個英文字母）法，也就是美國精神科醫師貝克（Aaron Temkin Beck）認知治療法中的「認知有效性評估法則」（Cognitive Validity Assessment Rule），有助於自我判斷目前的想法是否合理。

假如上述五項提問中有一項是否定的，就可以算是「扭曲的認知」正對自己形成困擾。如果認知發生扭曲，就必須試著將自己導往更合理、更有利的方向。

讓我們舉個例子吧！某天後輩面無表情地從

你面前一閃而過，連聲招呼都不打，當下你的心情跌落谷底，覺得自己被後輩輕視。這時，不妨套用看看前述的認知有效性評估法則。你會發現，當下的想法沒有為自己帶來活力，也不會讓自己心情變好，更不可能對其他人產生助益。

後輩不向我打招呼，會成為人生的重要問題嗎？能否用不一樣的視角來看待事件？例如後輩可能沒戴隱形眼鏡，或者正專注思考著某件事，所以沒注意到周圍的人，又或者恰好遇到嚴重的情況，沒有心思和旁人打招呼。亦即，不斷地嘗試自我提問，讓自己以更正向的觀點看待事件。

當然，實踐起來並不容易。大腦能充分理解這項概念，心情卻還是會受到傷害。儘管如此，懂得一步步整理自己的思緒，就有助於形成健康的人際關係。

反之，如果有人不管我說什麼，都以扭曲的方式解讀，那麼最好盡快擺脫對方的影響。倘若被他們的挑釁激怒，只會讓自己蒙受損失。此外，別嘗試改變他們扭曲的觀點，除了不容易成功之外，還可能引發更大的衝突。「對方的問題就留給對方解決」，這麼做才是明智的選擇。

苦澀的報復，甜蜜的寬恕：重組會員

人生中，每個人至少會懷有一次復仇夢。雖然不如戲劇般高潮迭起，但我們會默默在心底盤算著如何以牙還牙。因為害怕而不斷忍讓，最後只會被對方看不起，導致相同的情境重複上演。因此，站在自我保護的立場，就會產生復仇的念頭。

或許正因如此，大人也會教導年幼的孩子如何「報復」。例如蹣跚學步的孩子，頭不小心叩的一聲撞到椅子，忍不住嚎啕大哭。這時，大人通常怎麼反應呢？「是椅子害你痛痛嗎？椅子壞壞，我幫你打回去」，大人們會一邊給予安慰，一邊作勢拍打椅子。當孩子長大後，如果和朋友發生肢體衝突，也有許多父母會告訴孩子：「不要單方面挨揍，別人打你，你就打回去！」

當然，有時立即性的復仇是有效的。在某個綜藝節目中，曾經有位嘉賓表示自己平常不怎麼生氣，於是主持人問道：「和女友也沒吵過架嗎？」嘉賓回答自己幾乎不和對方爭執。而主持人依然窮追不捨，再次問道：「那為什麼分手了呢？」這個問題十分令人為難，因此嘉賓忍不住回擊道：「那哥你為什麼分手了呢？」主持人對此驚慌不已，尷尬地笑著：「原來無話可說是這種感覺啊，腦袋一片空白！」就像這樣，以牙還牙、以眼還眼的方式，有時能有明顯的效果。

多倫多大學的阿納托爾・拉波波特（Anatol Rapoport）教授曾透過電腦模擬，發現在人際關係中，「以牙還牙、以眼還眼」（Tit For Tat）是最有效的戰略。亦即，我不主動挑起是非，但對方若對我造成傷害，我就會看準時機展開報復。這種方式，與完全不反抗、選擇與對方繼續合作的「軟柿子」戰略不同。軟柿子戰略只有在遇到同類型的人時，才能發揮實際的效用。

寬恕換來寬恕，報復引來報復

假如想要報復的對象，拖了很久才承認自己的錯誤並道歉，這時該如何反應呢？讓我們來看看下面的例子。

假設你對A和B兩位好友犯下相同的錯誤，雖然不是有意的，但兩人都因此受到了傷害。於是，你向兩位朋友請求原諒，A願意諒解你的行為，但B卻不願意給予寬恕。不久之後，你在不得已的情況下，必須犧牲其中一位朋友。假如要在A和B之間選擇，你會決定對誰下手呢？

如果是你，面對該情況會如何抉擇？都柏林聖三一學院（Trinity College Dublin）的心理學家哈里．威拉斯教授，對一百五十三人提出了這道問題，而足足有一百三十二人選擇了不原諒自己的B。換句話說，比起已經破裂的友誼，他們傾向守護關係重修舊好的A。透過這個實驗可以得知，大部分人在真心悔過並請求原諒時，如果能獲得對方的寬恕，就會努力避免再犯下相同的過失。

在前文提及的以牙還牙實驗中，假如對方在過程中突然改變方向，表現出善良的模樣，那麼受試者通常也會給予和善的回應，不計前嫌。反之，如果不原諒犯錯的對方呢？在阿納托爾．拉波波特的電腦模擬實驗裡，採取持續報復的弗列德曼（Friedman）策略時，在問題解決方面獲得的分數，甚至低於完全不採取報復行動的軟柿子型策略。

將傷害我的人從「人生俱樂部」剔除

如果對方別說是道歉，連自己的失誤都不記得的話怎麼辦？若對方先道歉，我們就能不計前嫌地輕輕放下，但有些人卻絲毫沒有認錯的想法——令人遺憾的是，這種情況在日常生活裡十分常見。「因為我們很熟，只是開玩笑而已，沒什麼別的意思」、「我別無選擇，有那麼嚴重嗎？」，假如對方出現這些反應，我們自然也難以抑制心中的怒火。單方面忍耐許久，好不容易才開口提醒對方，但對方卻一副「嗯？怎麼現在才來翻舊帳」的模樣，不僅不承認錯誤，還將原因歸咎為我們過於敏感。面對這種情況，我們會更難以原諒對方。因為明明出現了受害者，但加害者卻完美地脫身。此外，就算我們下定決心予以寬恕，對方仍舊一點也不感激，甚至覺得莫名其妙，因為他們根本不認為自己哪裡有錯。

一想到要和對方見面，就渾身起雞皮疙瘩……這種時候，我們應該怎麼做呢？其實，我們沒必要強迫自己原諒對方，因為只有相處時感到輕鬆和自在，才是所謂健康的人際關係。我們都有權利選擇自己要和什麼樣的人相處。

心理治療師麥克・懷特（Michael White）創立的敘事治療，也有與此概念相似的治療技法──「重組會員」（Re-Membering），亦即我可以隨時調整自己的「人生俱樂部成員」。根據個人意願，我可以優待特定會員、解除某人的會員資格，提升或降低特定對象的會員等級，也可以尊重或無視某些意見。當然，同樣的理論也適用於他人，每個人都有自由選擇的權利。換句話說，你有權驅逐傷害你的人，並剝奪其會員資格。

寬恕是給自己的禮物

哈佛醫學院的喬治．維蘭特（George Vaillant）教授強調，許多人之所以覺得寬恕很難，原因在於對寬恕存有錯誤的認知。首先，寬恕與和解不同，不代表日後必須重新與對方親近。其次，寬恕不是把對方的錯一筆勾銷，而是我決心不再為過去的事糾結。此外，寬恕不代表允許對方免於罪責，而是讓自己從無盡的憤怒中釋放，不管對方有什麼樣的行為，我都能專注於自己現在的生活。因此，真正的寬恕，是為自己做出的選擇和禮物，也是邁向自由的第一步。

日本精神科醫師片田珠美在《我能夠原諒你嗎？》（許せないという病，暫譯）一書中，也有與此概念類似的段落：

假設你獨自走夜路時遭遇強盜，他為了搶走你的包包，用刀刺傷你後立刻逃跑。理所當然地，在這種情況下，為你治療傷口的是醫生和護理師，絕不可能是逃之夭夭的強盜。寬恕也是同樣的道理。所謂「寬恕」，不是同意強盜免受制裁，而是把自己的傷口交給醫生和護理師；不是默默吞忍疼痛，而是不讓自己的餘生受創傷支

配，決定縫合並治癒傷口。等待對方道歉，花時間考慮要不要原諒對方，就像是天真地等強盜把自己送到醫院一樣——你的治療，不該掌握在傷害你的強盜手上。

沒錯，寬恕並非無條件掩飾自己受到的傷害，而是為了不讓對方過去的行為，再次侵犯到我現在的生活。一切都是為了保護自己，阻止憤怒進一步毀掉我的人生。

以憤怒為動力的復仇會讓人沉浸於過去，亦即，專注於對自己造成創傷的人，等同主動放棄幸福生活的權利。此外，復仇之心有時會波及到其他不相干的對象，而非真正使自己感到痛苦的加害者。

美國杜克大學丹．艾瑞利（Dan Ariely）的研究團隊曾進行過一項實驗，他們刻意激怒受試者，然後假裝行政失誤，給受試者的報酬遠高於事先談定的金額。研究結果發現，比起其他受到親切接待的組別，被激怒的受試者們大多默默領走報酬。這樣的行為，正是出自於報復心理。

此外，實驗結果也發現，報復的對象究竟是不是罪魁禍首，其實一點也不重要。由於自己此刻正處於憤怒狀態，所以比起對正確的對象發脾氣，很多時候我們反倒是直接對面前的人發火。這種遷怒的行為，會對人際關係造成負面影響。

我們無法事先預防被他人傷害，即使對方沒有惡意，我們也可能受到創傷。假如是處於在擂台上敲鐘宣布「戰鬥開始」的情況，我們還可以提前做好準備，但人生並非如此。很多時候，我們都是在毫無防備的狀態下，突然遭受他人攻擊。

因此，不必過於自責「為什麼當時沒有反擊」。人類的心理很微妙，當受到傷害時，我們既會對加害者發火，也會檢討自己當下為什麼沒採取適當的對策。然而，事件發生時未能善加應對，當中一定有不得已的原因，我們沒必要因自己處理得不好而沮喪。對加害者表現出憤怒的情緒，其實是讓對方有機會成為更好的人，所以就算沒表現出來也無妨。別忘了，對我們來說最重要的，是盡快治癒心中的創傷，和珍惜的對象一起享受現在的生活。

遠離不弄髒自己手的人：扮演受害者

在生活中總會遇到這樣的人：愛哭、善良，無法明確表達自身主張，也不會對他人發動反擊。種種的行為與表現，都讓人不禁感嘆「你的問題就是過於善良」，最後自己積極地站出來，甘願為他們東奔西走。這類型的人，總是一個人保持清高，放任身邊的人替自己披荊斬棘。

他們從來不曾清楚說明自己的意願，只是不停地發牢騷，讓對方產生「我是不是該做點什麼」的想法，然後自願表示「我來幫忙」。但是，若情況出了差錯，當事人就會立刻抽身，只剩助人者還傻傻留在原地，無辜地承受批評。

這類型的人，總是表現出善良和脆弱的一面，他們認定自己沒有錯，如果對方覺得憤怒，問題完全出在對方身上。同理，碰到不喜歡自己的人，他們會認為是對方不理解自己的純真，甚至在犯下嚴重錯誤時，還假裝站在受害者的位置。這樣的行為，我們稱之為「扮演受害者」（Victim Playing）。

行為背後隱藏的利益

在人際關係中不斷扮演受害者，肯定是因為這種行為能獲取某些利益。究竟這麼做會得到哪些好處呢？

第一，可以避免為自己的行為負責，擺脫某些行為所帶來的負面結果或惡評。扮演受害者的人，通常會強調自己也想改變現狀，但現實卻無可奈何。例如「我也想說出來，但對方的表情很嚴肅」，或者經常把「我不知道」、「無法理解現在是什麼情況」等掛在嘴邊。

最終，扮演受害者的人將自己對事情的影響最小化，認為一切都是迫於無奈，自己毫無責任與罪過。透過這種方式，他們漸漸學會如何避開指責與攻擊。

第二，只要扮演受害者，就能處於優越的位置，這點聽起來十分諷刺。亦即，他們利用一般人保護受害者的心理，讓自己得以占據優勢。舉例來說，當事人很可能捏造傷痛的經歷，或者激起他人的同情心，讓對方選擇與自己站在同一陣線。無論是有意或無意，這種無辜、弱小的形象，總能獲得周圍人的關心與注目，這就是扮演受害者時可以獲得的附加利益。

沒有完美的加害者，也沒有完美的被害人

環顧周圍，在人際關係裡，總是有很多的受害者，但是卻找不到加害人。不覺得很奇妙嗎？心理學家羅伊．鮑邁斯特（Roy Baumeister）曾進行過一項實驗，嘗試在日常生活裡區分加害者與被害人。首先，研究團隊讓受試者們回想自己激怒他人（加害者），以及被他人激怒（被害人）的情境。但實驗結果發現，每個人針對事件都有各自的敘事角度。

✚ 身為被害人時的立場

他從很久以前就開始欺負我了，這次事件只是最近的一個例子。他的行為真的讓人難以理解，除了無知之外，我想不到其他形容詞。我明明沒有做錯什麼，但他似乎就是以折磨我為樂。他對我造成極大的傷害，這件事可能會影響我很長一段時間，甚至成為一輩子的創傷，希望他永遠別忘記自己做過什麼事。

✚ 身為加害者時的立場

或許我對他人造成了傷害，但當時的我別無選擇。是對方先挑釁我，我才會有那樣的反應。一般人如果遇到類似的情況，肯定也會做出和我一樣的行為。對方沒受到什麼損失，而且我已經道歉，這件事已經過去了。

如前文所述，人們大多認為自己受到的傷害刻骨銘心，但對別人造成的傷害都是迫不得已。由此可見，在日常生活裡，幾乎沒有百分之百的受害人。

別只因對方可憐，就急於挺身而出

聽著扮演受害者的故事，有時會覺得自己也應該提供協助。然而，只要一有這種想法，就等於落入對方設下的心理圈套。面對這種情況，不妨先讓自己停下來。當然，我指的不是拒絕伸出援手，而是扮演受害者的人，很多時候沒有明確的要求，只是不斷地抱怨。因此，我們大可不必過於積極，只要對方沒有開口，就以同理心給予共鳴即可，不用急著站出來替對方解決困擾。

沒有誰是完美的被害人。假如對方不斷提起過去，談論著此刻不在場的人，那麼就只要給予傾聽，安慰對方「你一定很辛苦吧」，就算是盡到了自己的義務。假如對方的故事讓聆聽者也感到吃力，可以試著詢問「所以你想要的是什麼」，引導對方明確地說出要求。

此外，有時我們會在心底產生一股衝動，想逼扮演受害者的人認清事實，「明明就是你的錯，不要再找藉口，也不要再抱怨了」。不過，如果未能與對方建立一定的信賴，建議還是把這些話忍下來。因為貿然地揭開真相，不僅不會使對方改變想法，還會讓對方覺得我不了解他的心情，成為任意下判斷的二次加害者。

由他人代替我負責，只會讓我的人生變得不自在

假如我在不知不覺中，養成了扮演受害者的習慣，怎麼做才能改善呢？解決問題的線索，要從自身開始找起。首先，必須認知自己在面對問題時，會出現被動的態度。接下來，再逐步練習該如何具體地解決問題。

如果希望對方能提出解決方案或付諸行動，最好明確地予以要求。一味地抱怨或發牢騷，只會在無意中造成對方的負擔。另外，若只是希望獲得對方的共鳴，也可以在一開始就清楚地告知：「我只是希望有人聽我說話，這樣就夠了。」

最差勁的態度，就是把話說得模糊不清，卻暗自希望對方照我的心意去做。如果內心有所請求，就開門見山地提出來。告知對方自己目前有待協助，並確切指出哪

個部分需要援手，如此才是負責任的態度。

若對方聽到我訴苦，就挺身而出為我解決一切，那麼我永遠也學不會如何克服困難。假如一開始不懂得解決之道，從他人身上獲得了協助，那麼下一次就要學著自己面對和處理。倘若心存僥倖，日後再遇到相同情況，依然只能束手無策地怨天怨地。

如果長期、反覆地向周圍的人抱怨相同的煩惱，很有可能內心不是真的想改變現狀。這種時候，就必須反省一下自己是否已養成習慣，覺得眼前的狀態更輕鬆，所以不願實際付諸行動。

Chapter

2

坦然自信，避免誤會的心理學法則

別期待他人和我一樣：理性思維的誤解

在社區裡和朋友們一起打棒球，有個孩子在比賽一開始就出局了，他突然哭著問道：「我一直很想打打看比賽，沒想到這麼快就被淘汰了。比賽才剛開始，能不能當作是暖身，重新來過呢？」在這種時候，有人會心軟表示「感覺很可憐，不然我們給他一次機會」，也有人會堅持「不行！這本來就是比賽」。

面對相同的情境，為什麼人們會出現完全不同的反應？原因就在於某些人重視喜歡或討厭等「情感」，有些人則看重是非對錯等「規則」。通常我們會把前者稱之為感性的人，後者則是理性的人。

了解性格差異，避免產生誤會

或許有人會對這種二分法感到抗拒，因為人們有時偏理性，有時也可能較為感性，怎能如此明確地切割開來呢？這樣的說法當然沒錯。不過，感性與理性的區分，可以用「右撇子」和「左撇子」來比喻。

就像每個人都有慣用手一樣，我們在日常生活裡也有固定的行為模式。然而，右撇子不代表不能使用左手，左撇子也不代表不能使用右手。理性的人，在某些面向上也懷有感性；感性的人，在某些面向上也充滿理性。此外，還有些人是介於兩者之間的模糊地帶。因此，我們的重點在於理解人的性格特質，而非進行嚴格的劃分。以兩者具備的特性為基礎，理解並認可右撇子的我和左撇子的他不同，才是我們為性格分類的目的。

假設有位同事因父母去世而陷於悲傷，在這種情況下，同事們自然需要代替他的職務，但是，每個人的反應都會有些微妙的差異。感性的人會覺得對方「內心一定很難受，我應該幫他完成工作進度」，以「犧牲、退讓和同情」的態度來應對眼前的狀況。反之，理性的人會覺得「目前對方蠟燭兩頭燒，無法如期完成工作，只好由我頂替」，以「工作的效率性」來看待情況。雖然私生活和公事理應分開，但理性的人認為同事現在工作效率下降，乾脆由自己負責比較好。換句話說，面對無可奈何的情況，感性的人會先給予「共鳴」，理性的人則是給予「認同」。

因此，感性的人極力贊同「一起分擔悲傷，悲傷就會減半」的說法，但理性的人則認為「分擔悲傷，就會變成有兩個傷心的人」，所以沒必要共同承擔負面情緒。理性之人在揭露自身困境時，不像感性的人會渴望獲得安慰，他們只是進行「告知」的義務而已。

在安慰他人時，理性者和感性者也會展現出不同的行為。舉例來說，理性者在朋友遭遇交通事故時，會立刻詢問對方「車子有沒有保險」；如果朋友長期處於待業狀態，就會向對方確認「有沒有好好投履歷」。反之，感性者第一時間會詢問對方：「你還好嗎？一定嚇到了吧？」、「最近找工作真的很辛苦吧？」等，反應與前者截然不同。因為理性的人首重「掌握情況」和「收集信息」，而感性的人則優先重視「情感」。

理性和感性的差異，也適用於文學的識讀。就像韓劇《認識的妻子》中的台詞一樣，假設戀人問：「如果我開口的話，你會和我一起走到世界的盡頭嗎？」這時，感性者通常會回答「我會陪你走到宇宙的盡頭」，相反的，理性者則會說：「好啦，我知道了。但從科學角度來看，地球明明就沒有盡頭。」

此外，看到尹東柱詩人〈序詩〉的最後一句：「今夜又見高遠繁星，在陣陣狂風裡隱閃」，感性的人會讚嘆道：「怎麼能想出這樣的文句……真的是文學奇才！」但理性的人會如此反應：

「嗯，真的是很棒的譬喻。可是……星星怎麼會在風裡閃爍呢？」

理性的人在判斷情況或做決定的時候，更注重於根據情報或規則來區分是非，因此，就算是與自己親近的人，他們也不會無條件偏袒。例如朋友對上司充滿抱怨，但理性者很可能一針見血地指出：「雖然我們是朋友，但不得不說，問題其實出在你身上」。

此外，「把煩惱講出來，不就是為了要解決嗎」，理性者在與他人對話時，比起用同理心給予共鳴，更傾向於解決問題。例如當妻子訴苦道：「唉，氣死了！我要從這間爛公司離職！」理性的丈夫聽見後，反而會開始分析：「你如果辭職的話，孩子們的學費還有我們的生活費怎麼辦？」

相反的，感性的人會無條件偏袒自己的家人或朋友，即使內心認為他們有錯，對話時也不會把焦點置於其上。因此，感性者通常很難認同理性者的反應，時常抱怨道：「用同理心給予共鳴，到底有什麼難的？」、「你到底站在哪一邊？為什麼處處維護對方？」、「你為什麼不懂得換位思考？」，如此一來，理性者就算想表達個人想法，也會選擇先忍下來。此外，在給予安慰時，理性者一般只會簡短地表示「啊，原來如此」，感性的人，應盡量去理解理性者的特質，因為他們已經盡了自己最大的努力。

理性的人，一定能做出更好的選擇嗎？

比起感性，人們大多認為理性更具有優勢，因為理性的人，似乎總能做出更合理且更正確的判斷。於是，許多人會把感性視為缺點，對理性的人心生羨慕。但事實果真如此嗎？理性真的能一直引導人做出最好的選擇嗎？

芝加哥大學的奚愷元教授為了研究這一點，進行了以下實驗：首先，研究團隊發給受試者兩種巧克力，請他們從中選擇一款。

A：市面上常見、一般大小的巧克力。

B：比A大四倍左右的巧克力，但設計為昆蟲模樣。

假如兩款巧克力的價格相同，你會選擇哪一種呢？

在該實驗中，有百分之六十八左右的人選擇了B，他們的想法大致如下：

「只是形狀像昆蟲而已，巧克力的味道和成分都一樣。在價格相同的前提下，B款巧克力比較大，選B不是更划算嗎？」

這種想法很有道理，不僅符合邏輯，而且也相當理性。但奇怪的是，他們在吃巧克力時，表情一點也不享受。不管怎麼說，昆蟲模樣的巧克力，多少會讓人心生抗拒。亦即，不被感性左右，以理性進行判斷的結果，反而使他們沒能享用美味的巧克力。

不僅如此，假設我們去自助餐廳吃飯，因為價格昂貴，所以每個人都想好好吃夠本。這時，有人端來滿滿一盤的忠武紫菜包飯，說「忠武紫菜包飯很貴，吃完這盤就夠本了」，你會怎麼做呢？當然，從性價比來看，這種選擇可能是有利的，但硬著頭皮吃自己不喜歡的食物，真的能幸福地度過用餐時光嗎？假如比起情感，我們更注重眼前的利益，反倒會離幸福愈來愈遠。而且，當我們持續做出類似的判斷，還有可能漸漸不曉得自己究竟喜歡什麼。

根據感性或直覺來下決定，並非全是不合邏輯或衝動的選擇。感性能夠回溯過去對我們有益或快樂的記憶，在不知不覺中引導我們做出讓自己幸福的抉擇。

性格無所謂好與壞

在談到理性與感性時，重要的不是哪一種性格更具優勢，因為兩者都無所謂好壞。如前文所述，真正的重點，在於理解各類型的特質。為了與不同性格的人融洽相處，我們要懂得理解他人的行為，並思考自己該以何種方式應對。

舉例而言，理性的人喜歡公正的判斷，感性的人偏好親切的對待。因此，如果私下以過於熱情的態度接近理性的人，會讓對方感到負擔；反之，如果以剛正不阿的態度與感性的人相處，則會讓對方感到落寞和委屈。

理性者在和他人對話時，經常能揪出邏輯上的漏洞，而感性的人，則善於察覺對方的喜好。因此，如果有人形容自己是「極簡主義者」，手上卻提著大包小包，理性者可能會質疑「你這樣算什麼極簡主義者」，而感性者則會表示「你好像很喜歡包包耶，包包的種類好多」。

就理性者的立場來看，善於理解他人情緒的感性者，多少有點阿諛奉承的感覺；反之，就感性者的立場來看，理性者的言行過於拘泥於原則、不懂得變通，多少讓人有些鬱悶。此外，理性者會覺得感性者經常以自身情感為優先，做事毫無原則可言，過度追求「以和為貴」；相反的，感性者會覺得理性者在私底下也過於強調規則，做事完全沒有彈性。

因此，當對方擁有不同的特質，令人感到難以理解時，不妨試著換位思考。你會發現，從對方的立場來看，同樣難以認同我的行為。與其因為無法理解他人而豎起心牆，不如改變自我的態度，接受「對方的特質本就如此」。

害怕被討厭，就會讓自己真正地孤單：自我意識與他人意識

韓國歌手李孝利曾在某個節目中提及丈夫李尚順，「雖然收入比我少，但很棒的是他並未因此陷入自卑」。過去的幾段戀情之所以未能走向幸福的結局，大多出在對方因經濟能力感到自卑，總是自我貶低。其實，這種情形不僅發生在李孝利身上，在一般人的戀愛裡，自卑感也是阻礙感情發展的一大因素。

例如在交往時，經常提及其他異性，暗示自己人緣很好，若對方惹自己不開心，隨時都有可能分手。或者經常把這些話掛在嘴上：「你以為自己比我優秀嗎？別開玩笑了，只有我才會願意跟你交往」、「對你好，就覺得我好欺負是吧」……也會在一些不重要的瑣事上刻意找碴，藉此打壓對方。而這一切費盡心思的舉動，都只是為了成為戀愛關係裡的「主導方」。

這種態度，其實反映出內心的想法，亦即「我擔心自己沒有價值，你會毫不猶豫地離我而去。我希望你不要拋棄我，繼續愛我，讓我擁有被愛的感覺」。這類型的人，認為自己得不到關愛，所以總是再三地考驗、綁住對方，表現出執著的行為。然而，他們卻不曉得類似的言行，只會讓雙方愈來愈疏遠。直到分手時，才又生氣地指責道：「看吧，我就知道會這樣，你就是一直在騙我！」

像這樣，自卑感會形成過度的防禦或攻擊性態度，在人際關係中引發問題。當然，每個人都會在特定領域上感到自卑，例如外貌、學歷、經濟能力、家庭背景、社會地位、情緒上的支持、智力、個性、溝通能力、戀人或配偶等。表面上看似擁有一切的人，暗地裡也可能會產生自卑感。

害怕被討厭，反而讓自己變得孤單

自卑感中最具代表性的，就是「對方一定不喜歡我」。其實，這樣的自卑感令人心酸。因為當他們聽到某個人喜歡自己時，會不斷地反覆確認：「嗯？真的嗎？是我？

為什麼？不是騙人的吧？你真的喜歡我嗎？」唯有如此，才能讓自己安下心來。

這種自卑感的問題在於，就算對方一開始的關愛出於真心，最後也會感到疲憊和倦怠。總是強迫確認心意，總有一天，對方也會難以滿足這些要求。或許有的人認為，「若真心愛我，這種程度應該做得到」，然而，類似的想法就是悲劇的開端，因為源於自卑感的試煉無止無盡。

自卑感過重，除了戀愛關係之外，在日常生活中也經常會面臨困境。設想一下，假如你去洗手間時，其他朋友正有說有笑，當你回來時氣氛卻發生了微妙的變化。這時，如果擁有嚴重的自卑感，腦海中就會自動浮現「嗯？是在說我壞話嗎？」的想法。就算努力安撫自己「應該不是」，還是會忍不住半信半疑地向朋友確認：「什麼啊？你們應該不是在說我壞話吧？」當然，朋友們一定會說「怎麼可能」，然後跳過這個話題。可是，對自卑感重的人而言，尚未跨越心裡的那道檻，會覺得「如果不是在講我壞話，應該告訴我剛剛在聊什麼啊，什麼都不說就轉移話題，一定是我猜對了」，於是過一陣子又再問道：

「你們剛才，真的不是在講我壞話吧？」

明明心中預設的答案是「沒有」，但若是對方如此回答，他們也還是不願相信，而是會持續不斷地問下去。如果朋友開始感到不耐煩，他們就會認定「看吧，我的想法沒錯，你們就是在背後說我壞話」，最終自己單方面受傷，「他人一定不喜歡我」的想法也更加穩固。實際上，朋友可能是為了準備生日驚喜，所以才在背後小聲地討論，但自卑感卻將雙方的友誼破壞殆盡。

自卑感不該成為現實

除此之外，自卑感會讓人覺得自己不如別人，且他人也是這樣看待自己。他們相信對方很清楚自己不堪的一面，確信自己會被輕視。因此，在日常對話的過程裡，他們很可能會突然發脾氣：「你覺得我好欺負嗎？」、「覺得我很可笑嗎？」在電視劇《青春時代》裡，也曾出現過類似的場面。在約會時，男友突然開始鬧彆扭，進一步詢問原因，對方如此回答：

「你是真的不知道自己做錯什麼才問的嗎？所以我才說你很差勁、沒教養。剛才填問卷的時候，你為什麼要把學校名稱寫出來？是不是想炫耀你念的大學比我好？

直接寫大學生不就好了？」

就像這樣，自卑感會加深負面思維，甚至認為對方也覺得我沒出息。但是，對方從沒說過任何貶低的言語，也未曾有過類似的想法，以至於委屈得直跳腳。

自卑感會讓所有人都變得不幸

美國達特茅斯學院（Dartmouth College）的研究團隊，曾做過一項與自卑感有關的心理學實驗。研究人員向受試者解釋，本次實驗的目的，在於觀察臉部有明顯的傷疤時，他人看到後會出現什麼樣的反應。接著，受試者在臉上畫好傷口妝，開始和他人進行對話。而實驗結果顯示，受試者覺得自己臉上有傷時，人們對待自己似乎比平常更加無禮和不親切。

但有趣的是，其實受試者的臉上根本沒有傷疤！研究人員在替受試者化好妝後，讓他們透過鏡子看看自己的模樣，然後再以「為特效妝收尾」為由，偷偷地擦掉受試者臉上的疤。

深信自己臉上有疤的受試者們，卻覺得他人會因此在對話時變得粗魯。也就是說，當我們覺得自己有某些讓人不喜歡的缺陷，或者可能因此遭受輕視時，就會在潛意識中認為他人對自己不友善。

若想擺脫自卑感，就要注意自己的思維流向。舉個極端一點的例子，即使我有傷疤在身，只要我自己不覺得是問題，那麼創傷就不存在。因此，我們必須有正確的「自我意識」和「他人意識」，認知到每個人都有不足之處，也有值得稱讚的優點。

但願我們都能不被自卑感所困，用「你看不起我」、「你拋棄我」等言語，推開那些真正疼惜自己的人；也希望我們不要以「你是在同情我嗎」，責怪那些真心給予安慰的朋友。否則的話，對方會因我們的言行感到倦怠，對雙方而言沒有任何好處。若懷有嚴重的自卑感，除了自己會受到傷害，身邊的人通常也會跟著受創。

如何與難以溝通的人相處

碰到被自卑感圍繞的人，我們可能會難以理解對方的想法，覺得對方「怎麼用那種角度看事情」、「為什麼總是曲解我的話」。這種時候，我們應該怎麼做呢？

首先，遠離對方是最舒心的辦法。盡量別與對方見面，也不要與對方搭話，這麼做有益於精神健康。因為他們很容易曲解你的話，然後對此展開攻擊。不過，現實生活不可能如此簡單，很多時候我們不得不與厭惡的人相處，而世上也沒有人十全十美，撇除某些缺點，對方或許也沒那麼壞。

這時，不妨把對方想像成難以理解的「作品」吧！在日常生活裡，我們偶爾會看到深奧的藝術作品或電影，但那些作品只是我看不懂而已，並不代表它們沒有意義。每件事物存在的本身就具有充分的價值，即使我不理解，那部作品也不會變成垃圾，可能還有很多人會感興趣。

假如不得不把該作品看完，那麼就試著換個角度想：這場展示會或電影，不會永遠持續下去，最多只要忍耐兩小時即可。在進場的當下，我們可以選擇要用什麼樣的態度去面對，是生氣地質問為什麼要看這個，一路不斷地抱怨，還是嘗試理解作品的內容和意旨？又或者以敷衍的態度，只打算消耗最低的能量？

無論如何，我們只要記住一點：你是你，我是我。歸根究柢，對方與我是不同的個體，我無法以自己的力量強行改變對方。如同接觸美術作品或電影時，我們也只是站在欣賞的角度，不會試圖去改變作品的內容。

性格與幸福並非密不可分：本性難移

在為性格做分類時，最具代表性的其中一項基準就是「外向或內向」。喜歡和他人互動的外向者，完全不抗拒認識新朋友，樂於接受邀約，且懂得享受全新的環境。雖然他們也不排斥待在家裡，但只要經過一段時間，內心就會產生鬱悶的感覺，好像必須出門透透氣才能轉換心情。

相反的，對內向者來說，為了赴約而外出，本身就是一件勞動。因此，只要出一趟門，他們就會盡量把待辦事項一次完成。由於每次出門都非常辛苦，所以內向者寧願拉長在外活動的時間，也要減少外出的次數。此外，從踏出家門的那一刻起，對內向者來說就是能量的消耗，而待在家的時間，反倒是一種休息與充電。因此，就內向者的立場來看，臨時邀約是一種極大的負擔。出門一天，就一定要在家休息一天；如果邀約臨時取消，他們還會在心裡暗自竊喜。對於喜歡外出的人來說，可能會好奇內向者「一直待在家不無聊嗎」，但內向者完全沒有這種想法，因為在家也有很多事可以做。

兩者的行為模式之所以南轅北轍，原因就在於彼此充電的方式不同，就像手機充電器也有 Micro 5pin 和 Type-C 之分。有人必須外出走動，在和他人的談笑聲中充電，有人則喜歡獨自待在安靜的空間裡休息。對此，我們不能指責他人「為什麼老是到處串門子」，或是「為什麼一整天待在家浪費時間」，一切只是彼此的偏好不同而已。

內向者變得謹小慎微的原因

屬於內向型的人，一定曾有過這種想法：

「我好像不太會經營人際關係。」

這是因為內向者拿外向者來和自己比較。性格外向的人，通常給人一種善於交際的感覺，在人群中總是充滿活力，而且很容易影響周圍的人，在團體中獲得好感。

此外，外向者在面試時也表現得自信滿滿，最終被錄取的機率相對較高。因此，美國哥倫比亞大學的心理學家法蘭西斯．佛林（Francis J. Flynn），甚至主張「外向的性格等同於幸福」。

確實，無論在學校或公司，只專注於自己的分內之事，不一定就能被讚賞，因為自我表達和溝通能力也非常重要。一個人安靜地完成主管分配好的工作，看起來不僅社交性不足，還會給人思慮過多的感覺，很難在團體中受歡迎。

在學校也是一樣，外向型的人總是和同學們聚在一起有說有笑，而內向型的人則是默默待在自己的座位上看書，或趴在桌上裝睡。周圍的人通常會覺得內向型的人個性害羞，既膽小又謹慎。

只要聚會人數達到三人以上，內向者就會自動加入傾聽的一方。接著，內向者會開始覺得自己在團體中可有可無，缺乏存在感，漸漸找不到存在的定位和意義。於是，他們為了讓自己能更融入社會、環境或群體，決定努力改變自己的性格。這樣的心態，其實就是渴望獲得歸屬感與認可。

幸福與天生的性格無關

假如按照內向者所願，設法扭轉性格的話會怎麼樣？如果外向者的優點多不勝數，那麼就該全力向他們看齊不是嗎？為了分析此論點，墨爾本大學的扎克．漢密爾頓（Zach Hamilton）教授進行了一項實驗。

研究團隊要求內向者持續一週、每天保持活潑的言行，結果令人驚訝的是，在實驗結束後，許多人表示外向的行為帶來了正面情緒。相反的，被要求收斂言行，讓自己變得更內向的對照組，負面情緒反而有所上升。此外，連喬治亞州立大學的阿什利．富爾默（Ashley Fulmer）教授也主張，當一個人的外向指數與社會平均的外向指數相近時，就會更明顯地感受到幸福。怎麼會這樣呢？

與生俱來的內向型人格，除了社交性不足，連幸福感也輸給外向型的人嗎？那麼，是不是要隱藏自己的本性，假裝是個外向型的人？

在這裡，我們只要記得一點：許多內向型的人，也能在日常生活中感受到幸福；反之，就算個性活潑外向，也可能過得痛苦和不幸。這麼說的話，幸福和不幸的分界，究竟是從哪裡開始劃分的呢？

其實，無論是內向或外向型的人，感受到的幸福都與幾個因素息息相關——對生活充滿熱情、不急於迴避現實、付出並獲得溫暖、對知識保有好奇、對自己目前的工作感興趣。因此，只要把這些條件代入生活，完全有機會成為幸福的人。

牛津布魯克斯大學的彼得・希爾斯（Peter Hills）教授，也將外向者和內向者分類，分別觀察其中的幸福與不幸。實驗結果發現，當情緒穩定性高、生活態度積極、與周圍的人建立友好關係、認為自己是個不錯的人時，內心就會感到加倍幸福。換言之，一個人的幸與不幸，與內向或外向的性格無關。

除此之外，亦有研究結果指出，對自己的內向型人格感到滿足時，會比羨慕外向型人格時更加幸福。因此，內向型人格不是問題，問題在於打從心底排斥這樣的個性。

如同魚不能生活在陸地，松鼠也不能在海裡穿梭一樣，天生的性格傾向難以改變。而內向者之所以努力想改變自己的個性，原因大多來自於周邊的負面反饋。尤其是對內向型人格缺乏理解的人，經常在無意間對內向者造成傷害。例如他們很可能對著內向者說：

「為什麼你打招呼不大聲一點？明明知道答案，為什麼不講出來呢？唉，你的個性怎麼這樣，真讓人鬱悶。」

如果身邊的人出現這種反應，內向型的人會顯得更加畏縮，甚至想趕快逃回屬於自己的空間。想要和內向型的人親近，最好的方法就是配合他們的速度與步調。如果想和他們聊天，可以盡情地抛出話題，只要不強迫他們回應即可。內向型的人不發一語，不代表看不起你，只是在個性上較為小心和謹慎。

此外，就像外向型的人也不討厭待在家一樣，內向型的人亦不抗拒在外活動。換句話說，內向不等於孤僻，他們也和外向型的人相同，善於建立親密的人際關係。只不過，內向型的人更喜歡經營少數卻深厚的情誼，同時比外向型的人更需要個人空間，汲取能量的方向不同。

內向型的人必須正確掌握自己的特質，才能不因他人的批評而受傷，並訓練自己不被他人的無心之言影響。

懶惰的人，有時候更幸福：即興型與計畫型人格

在待人處事方面，有一項性格特質會出現明顯的差異，那就是即興型人格與計畫型人格。這種鮮明的對比，也最常在關係中引發矛盾。

舉個例子，像是「把衣服拿去乾洗店」這件事，計畫型的人屬於目標取向，他們會先定好目標，思考可能經歷的過程，然後找到合適的方法並加以實行。因此，如果打算前往乾洗店，他們會先想好自己有哪些衣服要送洗、量大約是多少、衣服要裝在哪裡、哪間乾洗店最合適、移動路線應該如何安排……等，接著按照計畫付諸行動。

反之，即興型的人在設定完目標後，經常會在執行的過程裡發現新元素，然後被其他事物吸引。因此，他們有可能達成最初定下的目標，也可能在中途就改去處理別的事。下面讓我們來看看即興型的

思考模式。

「對了，我要把那件毛衣送洗，但毛衣上次收到哪裡去了？除了毛衣之外，還有沒有什麼衣服要一起送去？我來翻一下衣櫃好了。啊，等一下，房間怎麼這麼髒，該打掃一下了！（開始打掃）哇，這是我上次買來忘了拆的包裹，先看一下裡面是什麼。（開始拆宅配的箱子）哦～是漂亮的雪紡衫，但縫線的部分有點粗糙，我要留言反應。（開始寫商品評價）這件雪紡衫和毛衣配在一起應該不錯。（開始一個人玩起時裝秀）啊，對了，這件毛衣要送洗，但時間已經有點晚了……反正明天也要出門，到時候再順道拿去吧！」

計畫型的人看到這種即興型的處事模式，內心難免感到鬱悶和焦急：「唉，定好的目標就應該徹底完成，怎麼會是那副德性？」計畫型的人如同狙擊手，只要設定好目標，就會深入且具體地思考，並且按照步驟展開行動。因此，他們完全無法理解像心智圖般不斷延伸出去的即興思維。

計畫型的人和即興型的人湊在一起，就算彼此能互相理解，相處時仍然有諸多不便。單獨生活時，對方不管以哪種模式處理事情，都與我毫無關聯，但只要一起工作或旅行，自己就會連帶受影響，很可能產生摩擦。對計畫型的人來說，即興型的人不尊重我努力制定的計畫，隨時可能有突發行為，面對事情總是隨心所欲，完全沒有任何想法。那麼，難道只有計畫型的人會感到不滿嗎？當然不是。就即興型的人來看，凡事按部就班的做事方法，同樣令人感到負擔和鬱悶。

對即興型的人來說，計畫型的人對瑣碎的細節也很講究，做事不懂得變通，過分拘泥於定好的計畫，而且碰到一點狀況就大驚小怪，凡事沒有商量的餘地，還總是想控制他人。當然，能按照整體計畫實行固然很好，但過程中也隨時可以改變方向，或者暫時停下來休息。不過，計畫型的人連微調的空間都沒有，實在令人煩悶。

計畫型的人與即興型的人，哪一種比較幸福呢？

在社會組織裡，尤其是在職場當中，即興型的人通常較為吃虧。或許大家都已有所察覺，即興型的人，一般會給人懶惰的印象。他們不太遵守約定的時間，而且習慣漏東漏西，桌面或周圍環境看起來更是雜亂無章。而計畫型的人呢？他們通常給人貫徹始終的印象，不僅遵守約定，而且準備好的東西幾乎沒有遺漏，桌面更是收得整整齊齊。換句話說，計畫型的人看起來勤勉又踏實。

賓夕法尼亞大學心理學教授兼美國教育心理學家安琪拉・達克沃斯（Angela Duckworth）也指出，「踏實」是一個人成功與否的重要因素。整體而言，勤勉踏實的形象在公司相當有利，因為沒有人願意被「搭便車」，人們一般都喜歡腳踏實地，能做好自己份內之事且有始有終的人。

不過，這種踏實的性格，雖然能保障個人的成功，卻可能對本人的心理健康或周遭的人際關係有害。舉例來說，如果不小心在旅途中迷了路，我們會想和既來之則安之，能夠笑著表示「這裡的景點也很漂亮」的人同行，而不會想和一位緊張兮兮，抱怨著路線和計畫不同的人共遊。

此外，計畫型的人習慣要求他人聽從自己的指示，但即興型的人，不太會強迫別人一定要做什麼。他們對周邊情況和人際關係保有極高的彈性，所以能接受條條大路通羅馬，以及「行得通固然很好，不行的話也沒辦法」。即興型的人，本來就不喜歡被某件事牢牢綁死。

經常叨念著要打掃房間的人，通常是踏實且有計畫的人。當然，即興型的人也喜歡乾淨整潔的環境，不過他們能接受「適當的髒亂」，亦即「反正我知道常用的物品放在哪，這樣就夠了，除了打掃之外，還有很多有趣的事等著我」。反之，計畫型的人不會這麼想，因為性格的關係，他們就算自己全部打掃完了，仍然會基於壓力而對周圍的人發脾氣。

互相學習對方的優點

在日常生活裡，我們必須理解並尊重每個人不同的特質。例如即興型的人，比起一次性做出決定，更偏好觀察各種潛在的可能。另外，在對話時，他們傾向詳細解釋得出結論的過程，而不是立即把結論講出來。因為在考慮的過程中歷經周折，每個結論都有它背後的故事。當然，最重要的，莫過於他們希望周邊的人給予多一點空間，相信他們也具備足夠的自發性。即興型的人只有在自由且充滿彈性的環境裡，才能感受到內心的滿足。

反之，計畫型的人喜歡快速、明確地下決定，尤其是在工作的收尾階段，如果突然要改變執行條件，或者出現預料之外的狀況，他們很有可能會陷入恐慌。對計畫型的人來說，反覆無常地改變方向，是最糟糕的處事方法。與其臨時告知，不如事先提醒目前的意見在某個期限之前，隨時有可能改變，讓他們有時間做好心理準備。此外，與即興型的人不同，計畫型的人在對話時，傾向直接切入核心或結論。

其實，我們每個人都有計畫型和即興型的一面，而最好的方向，就是在兩者之間取得平衡。如果總是被計畫束縛，很容易缺乏變通思維，對突發狀況感受到嚴重的壓力。反之，如果經常想到哪、做到哪，就會有無法如期完成工作的風險。換句話說，當我們特別偏向某一種類型時，生活便很可能出現問題。

因此，有些人天性自由，屬於即興型人格，但為了在組織社會裡生存，刻意學習了計畫型人格的特質。反之，有些人原本喜歡照計畫行事，但因為在人際關係中有過負面經驗，所以努力學習保有彈性。就像這樣，我們會在不知不覺中，盡力尋求兩者之間的平衡。最後，再一次強調，計畫型和即興型人格的重點，不在於何者占據優勢，而是我們必須懂得理解彼此的差異。

化嫉妒為力量：幸災樂禍法則

德語中的「Schádenfreude」，意味著「透過他人的不幸感受到幸福」。日本京都大學醫學院的高橋英彥博士指出，若聽到平時嫉妒的同事遭遇不幸事件，大腦中感受喜悅情緒的領域就會變得活躍。或許很多人不相信，但事實上眼紅或嫉妒，是人類普遍擁有的情感。亦有研究結果顯示，三十歲以下的一般人，有百分之八十都曾嫉妒過他人。

羨慕是與嫉妒類似的情感，亦即承認對方比我優秀，但不至於心生厭惡。因此，有時我們會把對方當作模範，接收正面的鼓勵與刺激。而嫉妒的情感，則是不願承認對方比我優秀。當對方成功時，我們會變得戰戰兢兢；不慎犯錯時，則急於揭發其缺失，有時還可能處心積慮地加以妨礙。

身邊的人，為什麼更容易引起嫉妒的情感？

在俄羅斯的傳說故事中，也有與嫉妒相關的情節：某天，農夫偶然拾獲一盞魔法神燈，他擦了擦燈罩，接著精靈就從神燈裡冒了出來，並允諾替農夫完成一個心願。於是，農夫告訴精靈：「鄰居家養了一頭乳牛，不僅能供全家人溫飽，還幫他們賺了不少錢。」精靈聽完後，隨即向農夫確認：「你想要我變一頭乳牛給你嗎？還是兩頭？」不料，農夫卻如此回答：

「不是，我希望你幫我殺了鄰居的牛。」

對於這樣的人，我們有時會用「被嫉妒蒙蔽了雙眼」來形容，而這種說法實際上也沒有錯。德拉瓦大學的莫斯特（Steven Most）教授曾做過一項實驗，研究團隊先刺激一部分的受試者，讓他們產生嫉妒之心，然後再要求他們從眾多照片中挑選出風景照。實驗結果發現，內心感受到嫉妒的受試者，與對照組在一定的時間內相比，挑出的風景照數量明顯更少。由此可見，嫉妒會引起憎惡、麻痺理性，稍有不慎還可能產生犯罪行為。以下就是其中一個案例。

十九歲的金姓重考生，盜用考上首爾某大學的劉姓學生的名義，申請退還學雜費，導致劉姓學生的錄取資格被取消。兩人是在網路上認識三年左右的朋友，金姓學生表示，他看到朋友考進自己未能錄取的大學，一時嫉妒才犯下了罪行。

不過，同一年考上大學的人那麼多，為什麼金姓學生偏偏要對自己的好朋友下手呢？對此，心理學家亞伯拉罕．特塞爾（Abraham Tesser）指出，當比較的主題和我有關，比較的對象比我優秀，且兩人又是親近的關係時，感受到的嫉妒會最為濃烈。

舉例來說，比起看到富二代享受豪奢的生活，關係親近的朋友薪水比自己高時，我們會更加感到眼紅。同理，我們會羨慕愛因斯坦的智商或比爾．蓋茲的財力，但不會因此心生妒忌。因為他們與我沒有直接的競爭或利害關係，所以不至於引起厭惡的感覺。

反之，如果比較的條件與我無關，而且對方非常優秀的話，我們很可能會想方設法地套關係，以此向周圍的人大肆炫耀，反射性地提高自尊感。最具代表性的例子，就是前花式滑冰選手金妍兒。身為韓國人，大概沒有人會嫉妒金妍兒，反倒是想盡辦法找出關聯，炫耀自己與她的交情。不過，如果有實力不亞於金妍兒的選手，雖然表面上看不出來，但對方心中很可能藏有嫉妒的情感。因為人們會感到眼紅的對象，大多是與自己地位相當、條件相似的朋友或同事。

克服嫉妒的五種方法

如果心裡嫉妒得難受怎麼辦？其實，嫉妒不是一種自發性的情感，沒有人喜歡吃醋或眼紅。此外，就像「嫉妒是對自己的侮辱」這句話一樣，是專注在自己比別人做得差的部分，讓人感到痛苦不已。面對嫉妒的情緒，我們可以透過以下幾種方法來克服。

第一，承認自己的情感，亦即「我是因對方的某個部分感到嫉妒」。對自己喊話，是為了不被負面情感束縛，將嫉妒的情緒向外引導。唯有如此，我們才能進一步思考該部分為什麼重要、有多重要，以及未來能夠如何應對。

第二，想著「現在的自己也很好」。正如前文所述，我們之所以會感到嫉妒，代表自己和對方的水平極為相近。因此，我們要懂得告訴自己：「做到目前的程度已經很不錯了！」如果像白雪公主的後母一樣，總是認為自己必須成為世上最美的女人，那麼就永遠也擺脫不了嫉妒與猜忌，因為一山還有一山高。發現自己具備的優點，並對此心懷感謝，是日常生活中不可或缺的態度。

第三，改變看待對方的標準。碰到與自己領域相同的人時，一定會更容易感到嫉妒。因此，不妨換個角度來看待對方。例如「在舞蹈方面他或許跳得比我好，但若論料理實力，我肯定比他強」。

第四，或許會很難過，但請盡量和對方保持距離。無論多麼親密，只要是會侵蝕自己靈魂的人，都應該稍微疏遠一些。據研究結果指出，愈親近的關係，感受到的嫉妒就會愈強烈，所以不妨試著拉開一點距離。這麼做，將能更專注於自己的生活。

第五，讓「嫉妒成為我的力量」，把這種負面情感化為強大的動力。和羨慕比起來，嫉妒帶來的力量更強烈。舉例來說，如果看到某個人的英文比自己好，對此感到羨慕時，我們只會嘴上說「啊，真羨慕，如果我的英文也那麼流利該有多好」，但實際上可能什麼也不做。反之，如果我們產生嫉妒的情感，為了贏過對方，很可能在凌晨都會爬起來念書。因此，若不能完全避免嫉妒之心，不妨將其活用為進步的武器。

此外，有時我們也可能成為他人嫉妒的對象。這時，我們通常會覺得手足無措，因為我只是把自己真實的一面展現出來，但對方卻想盡辦法地折磨或貶低我。其實，嫉妒最根本的原因，在於對方的優秀，反襯出自己寒酸的一面。我理應獲得的稱讚、尊重、地位、錄取或晉升機會，似乎都被奪走了，這種人該有多討厭啊！

不過，我們必須明確地記住，對方因嫉妒而討厭我，是他個人的問題，並不是我的錯。所以，我只要像過去一樣，把自己的生活過好即可。

我們不必刻意去刺激對方，假如無意造成對方的困擾，就盡量不要表現出會讓人嫉妒的言語或行為。因為只要稍有不慎，就可能使他人受到傷害，或者被誤以為是驕矜自滿的人。在對自己心懷嫉妒的人面前，說話必須特別謹慎，否則隨時可能被抓住把柄，誇大或扭曲原本的想法。若碰到這樣的人，試著把對話量降到最低，也是一種不錯的應對之道。

電影《阿瑪迪斯》（*Amadeus*）中，薩里耶利曾有一段嫉妒莫札特的獨白：

「我已經做好了為音樂犧牲的準備，而莫札特則是終日遊手好閒，每天用輕浮的笑語調戲女人，剩下的時間才用來作曲。但他做的曲子，總能成為不朽的名作，而我寫的東西，卻完全沒有人記得，世界怎麼如此不公平！」

人生在世，總會享有莫札特般的榮光，也會遭遇薩里耶利般的落寞。但不管處於何種情況，我們都有幸福生活的權利，而關鍵就在於調整個人心態。嫉妒，能夠帶來毀滅的力量，也能成為向上發展的動力，一切都取決於自己如何調節。

自尊感愈低就愈依賴：場獨立性與場依存性

假如你在公司被指定負責撰寫今年的年度工作計畫，你會怎麼做呢？

A：召集組員，傳達主管交辦的事項，請大家分享對年度工作計畫的想法。

B：參考去年的年度工作計畫，自己定出報告書的方向與框架。

選擇A的人，認為「與大家有關的事應該一起討論後再決定」；選擇B的人，則是認為「大家都很忙，能一個人完成的事，何必花時間一起討論」。

此外，在發送與工作有關的信件時也一樣。有些人會以親切熱情的問候語做為開頭，然後將工作流程等必要內容，一字一句地詳細寫清楚；反之，有些人則是偏好簡單和形式上的問候語（有時連問候語也省略），在信件中只傳達必要的內容。對此，有些人會覺得過於簡潔的信件，好像「只有本人才看得懂，應該再寫得仔細一點」；同樣的，有些人看到較長的信件，也會覺得「為什麼要寫得如此冗長，只要講重點不就好了」。

獨立性格與依存性格的差異

為什麼會出現這樣的差異呢？因為每個人接受和處理情況的認知方式都不一樣。美國心理學家赫爾曼．威特金（Herman A. Witkin）將這種認知模式分為「場獨立型」（Field-Independence）和「場依存型」（Field-Dependence）。在獨立和依存前面加上「場」（Field）的原因，代表以「場」來做為分類的標準。此處的「場」，意指某件事物的背景或脈絡。

場獨立型的性格，較少受到背景、環境或他人的影響，傾向以自己的標準處理事情。他們懂得明確區分自己的興趣和需求，因為心理分化良好，所以能建立「你是你、我是我」的思維。在前面提到的例子中，一個人參考過去的年度報告擬定大綱、將重點整理成表格，以及信件中的文字簡潔俐落，都屬於場獨立型的性格。在開會時，他們也相對能夠不受動搖，堅定地發表個人意見。

相反，場依存型的人，較容易受背景或情境影響，他們習慣綜合各種意見或條件來解決問題，有時也更在意他人的想法或情感。因此在會議時，比起自己的意見，他們傾向聽從多數人的聲音。場獨立型的人，認為自己在會議上的角色必須明確，如此一來討論才有意義；但場依存型的人，覺得就算自己在會議中不發一語，也要做為團體的一員參與討論。

因認知模式所產生的性格差異，只會導致每個人處事的方法不同，不代表任何優劣之分。作家史蒂芬．柯維（Stephen R. Covey）在著作《與成功有約：高效能人士的七個習慣》中，將人們的性格分為三種類型：依賴、獨立、相互依存。首先，依賴型的人，通常無法獨自做出決定，容易被他人的意見左右，看起來手足無措或優柔寡斷。反之，獨立型的人雖然能夠一個人處理所有事，但全部靠自己的力量解決，不僅容易感到倦怠，也很可能變得自以為是。此外，相互依存型的人，懂得利用個人優勢，完成力所能及的部分，而針對自身的弱項，則選擇借助他人之力，在應對進退上表現出色。自己擅長的事，就靠自己的力量完成；自己不擅長的部分，就接受他人的建議或協助，藉此達成一種平衡。據研究結果指出，相互依存型的人，更能建立健康的人際關係。

提升自我效能感的四種方法

如果自己屬於前述的依賴型，學習提高「自我效能感」便非常重要。依賴型的人，對自己的判斷和能力缺乏信心，總覺得需要他人協助，認為別人一定能做得比自己更好。另外，由於害怕失去稱讚與支持，所以依賴型的人難以提出與他人不同的意見，擔心彼此的關係變質，日後沒有人願意提供幫助。因此，相信自己的執行力，亦即提升自我效能感，對依賴型的人而言相當關鍵，具體的實踐方法分述如下。

第一，累積各式各樣的經驗。在韓國節目《成長問答》中，姜信珠作家曾提到活出自我的方法，就是「盡可能親身體驗各種事物」。我們經常使用的「優秀、不錯、美麗、帥氣」等形容詞，其實都是透過比較而來，但如果我們未能親身經歷，只是從部落格或他人的故事中習得，意義自然會大幅降低。假設我們到某間排隊名店吃義大利麵，如果平時很常接觸這道料理，那麼很快就能判斷出美味與否；如果過去沒有類似的經驗作為參考，那麼很可能只會覺得「對我來說普通，但其他人都說好吃，應該就是好吃吧」。因此，唯有自己親身體驗各種事物，才能拓寬視野，並加深對自我的理解。

第二，寬容地看待失敗。假如迫切地想把某件事做好，就很容易相信他人比自己優秀，於是在心中產生依賴。面對這種情況，不妨告訴自己一切都是「學習」，就算做不好，也要想著「沒關係，現在只是學習的過程」，持續對自己精神喊話。

第三，達成經濟獨立。唯有具備「這是我工作賺的錢」的概念，真正掌握個人金流，才能做出重要的決定。這種方法，有助於在不知不覺中減少對他人的依賴。

第四，認知到自身的恐懼並非現實。依賴型的人，在結束一段親密關係後，通常會立刻去尋找下一個能提供支持與保護的對象。這是因為害怕被拋棄、必須自食其力的恐懼感，會一步步地襲捲而來。不過，獨處時可能遭遇的困難，其實沒有想像中嚴重，若冷靜地分析，那些恐懼幾乎全來自於個人幻想。一個人能做到的事，遠比想像中還要多，我們完全可以靠自己的力量挺立。

空出身邊的位子，接受他人的協助

過於獨立的人，或許會覺得「獨立有什麼問題嗎？我只是不給別人添麻煩，自己把份內之事做好而已」。但果真如此嗎？讓我們來看看下面的實驗。

猶他大學的薩曼莎．喬爾（Samantha Joel）教授曾進行過一項研究，探討了在決定與戀人分手的過程中，何種因素會產生決定性的影響。實驗結果發現，比起因為戀人過於依賴而分手，因為過於獨立而分手的情況更多。換句話說，每天黏在身邊的對象雖然讓人倍感負擔，但如果「對方沒有我也能過得很好」，內心更會感到遺憾與苦澀。

過於獨立的人，會給人一種對關係不夠投入的感覺。因此，他們很容易在無意中讓身邊的人感到寂寞。在知名的綜藝節目《超人回來了》裡，張允瀞曾拜託丈夫都慶完「幫我拿杯水過來」。這時，都慶完問道：「沒有我，你什麼都做不了了嗎？」張允瀞則撒嬌回應：「嗯，沒有你我什麼都做不了！」

這當然不可能。有韓國演歌女王之稱、四肢健全的張允瀞，怎麼可能無法自己倒水來喝？然而，這種回答方式，等於在發出「我需要你」的信號，能給身邊的人帶來心理上的安定。另外，這種模式也可以引導對方為這段關係進一步付出。因此，過於獨立的人，有必要為身邊的人空出一點位子。不妨訓練自己養成習慣，像往常一樣做好分內工作的同時，也讓身邊的人能盡到自己的角色，並且向對方的付出表示感謝。

說的時候遠避，聽的時候保密：群體極化現象

無論是藝人、政治家還是老師，只要生而為人，就一定做過這件事——背後議論。所謂的「背後議論」，指的是在背後討論或流傳某個人的壞話。人生在世，不可能有人從來沒講過他人的壞話；如果真有這樣的人，那麼他肯定名列聖人君子，或者對自己根本不了解。

背後議論，是人類有史以來就盛行的古老文化。究竟人們為什麼喜歡在背後議論他人呢？據一項實驗指出，暗地裡說人閒話，其實有減輕壓力的效果。義大利帕維亞大學的研究團隊為了確認這一點，讓受試者彼此展開對話，並觀察這段期間大腦會出現何種變化。而實驗結果發現，比起談論天氣等一般主題，在背後議論他人的是非，大腦會分泌出更多神經傳導物質荷爾蒙——血清素和催產素。這兩種荷爾蒙，是降低緊張與不安，有助於情緒平

靜的荷爾蒙。透過這項實驗，從科學角度證明了背後議論有助於減少壓力。此外，參與說閒話的人，彼此之間會產生凝聚力，並學習到哪些事情可以做、哪些事情不能做等社會規範。

閒言碎語，最後影響的還是自己

不過，我們最好還是別在背後議論他人，因為這樣的行為，會影響到彼此之間的信賴。假如某人在與他人打招呼時，表現出無比親切、熱情的態度，但對方一離開，馬上就變臉嫌棄道：「你不覺得他很沒教養嗎？」試想一下，有人會想與這種人親近嗎？周邊的人大概都會揣想：「什麼啊，這個人怎麼這樣？下次我不在的時候，他應該也會在背後罵我吧？」此外，如果在背後議論他人，被當事人發現時，處境也會變得非常難堪。

其次，就算一開始只是無關緊要的閒言碎語，最後也很可能變得一發不可收拾，而其中的原因，就在於「群體極化現象」（Group Polarization）。亦即，當一群人聚在一起談論某項主題，觀點就會變得比個人最初的看法還要極端。

心理學家塞爾日・莫斯科維奇（Serge Moscovici）和瑪麗莎・扎瓦洛尼（Marisa Zavalloni），進行過一項相關的實驗。首先，研究團隊給受試者幾個句子，內容大概是「戴高樂*年紀太大，已無法處理複雜的政治問題」，並測定他們對這些敘述的同意程度。接著，研究團隊讓受試者們分組討論，實驗結果發現，原本對該敘述抱持肯定態度的人，在小組討論後會變得加倍贊成；相反的，原本抱持否定態度的人，則會變得更加反對。由此可見，當人們聚在一起說長論短時，就會針對某一對象舉出各種負面事例，最後讓對方淪為「罄竹難書的罪人」。

且令人遺憾的是，大部分的內容，很可能出自於誇張或扭曲的觀點。人們經常認為自己的陳述真實且客觀，但實際上卻不然。有一個簡單的實驗，恰好證明了這一點。在實驗開始前，研究團隊讓受試者們先到教授的研究室等待，接著，再把他們

＊第十八任法國總統。

個別請到實驗室，記錄受試者在研究室內看到的物品。實驗結果發現，大部分受試者都表示在研究室裡看到了「筆」，但筆在實驗前早就被收掉，而研究團隊故意放的「籃球」，卻幾乎沒有人發現。因為大家都認為比起籃球，教授研究室裡應該會有筆。如同實驗結果所示，人們傾向按照個人的想法看待世界。

此外，就算是為了自己著想，也不該在他人的背後說閒話。討厭一個人，最痛苦的其實是自己。如果認定身邊的人罪大惡極，那麼共處的時光該有多煎熬呢？每個人都有各種不同的面貌，或許我們曾在某一瞬間因對方感到失望，但隨著時間流逝，也可能看到對方優秀的一面。如果平時經常在背後說三道四，那麼就算想再次與對方親近，也會忍不住陷入尷尬。

背後議論他人時，最好講給無關的對象聽

然而，在日常生活裡，如果刻意不說他人的閒話，有時壓力也會逼近臨界點。這時，請盡量記住以下幾個原則。

假如背後議論的對象，是你我都熟知的人，那麼就要做好心理準備，自己講的話很可能會傳到對方耳裡。換句話說，在背後對他人品頭論足時，必須承擔和負責自己脫口而出的話。因為世上有很多人覺得聽到負面評價時，就該原封不動地轉述給當事人知曉。

俗話說「好事不出門，壞事傳千里」，負面傳聞總是散播得更快。首爾大學郭錦珠教授的研究團隊曾進行過一項實驗，當同時傳播某位藝人的正面和負面新聞時，在一百人當中，約有百分之八十六的人聽過負面消息，而只有百分之十八的人聽到正面消息。此外，我們也別忘了，眼前跟著附和、參與批評的人，日後若與我關係生變，很有可能把閒話的內容都告訴當事人。

因此，如果忍不住想在背後說人閒話，最合適的傾訴對象就是沒見過對方、以後也不可能見到的人。例如想抱怨同事時，就以「國王長著驢耳朵」的心態，講給遠在故鄉、與同事沒有關聯的朋友聽吧！如此一來，既有減輕壓力的效果，也能降低背後議論的副作用。

別對閒言碎語做出反應

有時候，我們會發現他人在背後議論的對象正是自己。當得知真相後，一定會感到非常惱火，而且不知道該怎麼處理。因為閒言碎語而受傷的人，通常會這麼說：

「要講就乾脆在我面前講啊，這樣不是更直率嗎？在背後說三道四，真的很卑鄙！」

事實果真如此嗎？法國的作家歐諾黑．德．巴爾札克（Honoré de Balzac）曾言：「如果我們把背地裡的閒言碎語，全部搬到當事人面前講，社會將難以維持。」舉例來說，如果直接聽到他人說「你真的很大嘴巴」、「什麼個性就長成什麼樣子」、「我討厭你，因為你長得很醜」等，心情會如何呢？剛開始或許還能假裝不在乎，但打算向對方解釋的急迫感，以及「你算什麼，憑什麼這樣批評我」、「怎麼能說那種話」的心情，會沸騰得讓人徹夜難眠。沒有進一步引發暴力事件，就已經算是萬幸。

對此，法輪禪師曾提出有趣的觀點，建議大家轉換思考方式，亦即「謝謝你不當面批評我，而是在背後議論我」。換句話說，他人不對我說長道短當然最好，但若無可避免，比起當面批評，不如偷偷在背後議論。聽完法輪禪師的話，有人為此感到痛苦和困惑：「對方在背後說我壞話，面對我的時候，怎麼還笑得出來呢？」

「對方在背後議論我，見到我時還眉頭緊皺，這樣會比較好嗎？在背後罵完我，見面時仍然露出笑容，這樣不是比較好嗎？」法輪禪師微笑著回答。

「因為怕老師您受傷，所以我就不細說了。」我也曾從親近的同事口中，聽到其他同事在背後說我的壞話。其實，從聽到對方的第一句話開始，我的心就已經受到創傷，想立刻去找那位同事，質問他到底對我的哪一點不滿，以至於需要在背後批評。「是我的個性嗎？還是我的工作風格？都不是的話，是因為哪起事件呢？」內心真的非常鬱悶。

但是，問了又能怎樣呢？對方從來不曾在我面前露出不悅，而且還十分親切。就算我打破砂鍋問到底，對方也不會承認自己說過我的壞話。此外，周圍的人本來就知道他喜歡在背後說長道短。因此，我並沒有當面找那位同事對質，依然以和善的態度相待，當作「對方因為我可能有些不自在」。彼此雖然未能坦誠，卻也遵守了同事之間應有的禮儀。

有時，我們可能會聽到他人在議論與自己關係要好的人，這種情況實在是進退兩難。若同意對方的觀點，難免會因平時的交情而感到愧疚；若出言反駁，則會擔心與在場的人關係破裂。這種時候，最好的方法就是藉故去上廁所，暫時予以迴避。如果這個方法行不通，也可以表示「站在你的立場，的確有可能那麼想」。這句話的核心，就是「站在你的立場」。

此外，切記不要向當事人傳達背後議論的內容。雖然很多人覺得告知當事人才是有義氣的表現，但從來沒看過這種行為能夠換來好結果。

相反的，在中間傳達閒話的人，其實應該捫心自問，自己是否想藉他人的口，說一些不敢直接對當事人開口的話。如果是這種情況，即使原本的意圖相當單純，最終也和「借刀殺人」、「鷸蚌相爭，漁翁得利」沒有兩樣。

有些人刻意把話轉述給當事人聽，然後當對方生氣地想追究時，又會勸阻道：「你這麼做，我的處境會很尷尬。」是不是看起來有點卑鄙呢？若不想被誤會是在挑撥感情，那麼在聽到閒言閒語時，就把它變成永遠的祕密吧！

沉默比言語更有力：被動攻擊

有時我們會碰到某人對自己心懷不滿，卻不肯直接點破原因。好不容易鼓起勇氣詢問「你是不是在對我生氣呢？」、「我是不是做錯了什麼？」，對方卻說：「嗯？怎麼突然這麼問？」、「完全沒有啊！」假如相信了對方的話，他又會和平時不一樣，對話時沒有半分笑容，不僅不太回應，有時甚至連看都不看我一眼。

「至少要告訴我，我才知道問題在哪裡啊」，內心感到鬱悶不已，於是只好憑直覺開始亂猜：「是不是我當時反對你的意見，所以你才不高興？」然而，對方又否定道：「嗯……不是啦。你本來就有可能和我意見不同，沒事的。」假如再次向對方確認，「如果你覺得沒事，為什麼要對我發脾氣？」，對方只會解釋「我哪有？我不知道你為什麼要這樣質問我。我只是最近有點累，對每個人都一樣」。最終，兩人的對話只能用「好吧，我知道了」畫下句點。

因沉默而造成傷害的被動攻擊

前面談到的關係，還有可能恢復嗎？實際上非常少見，通常兩人會漸行漸遠，就在不知道原因的情況下，彼此變得愈來愈拘謹，也愈來愈陌生。即使對方偶爾眉開眼笑地試圖套交情，我們仍然會感到彆扭，忍不住覺得：「你自己心情好了，就像什麼事都沒發生過一樣。」雖然沒有特別爆發爭吵，但兩人之間的互動變得格外不自在。這種行為模式，心理學上稱之為「被動攻擊」，經常會讓對方倍感困惑，且莫名其妙地被斷聯，內心自然不可能好受。

我也曾遭受過被動攻擊，某位和我非常親近的後輩，不知從什麼時候開始，突然一直迴避和我見面，表面上的理由是因為太忙。不過，在此之前，我們不管生活有多忙碌，都會抽空一起吃飯，彼此相處融洽，所以我很難接受這個理由。人就算再忙也必須進食，而且我們其實只要吃便利商店的紫菜包飯就很滿足了。因此，我告訴他有空約個時間見面，但始終沒有收到聯繫。於是，我開始檢討自己，是不是過去做了什麼事讓對方傷心，不斷回想兩人見面時的情景。然而，不管我怎麼回想，還是一點頭緒也沒有。「是不是上次見面時，我一直自顧自地說話？」、「還是我看起來和他討厭的人走太近？」，這些是我絞盡腦汁想出來的可能原因。時至今日，我仍然不知道他為什麼突然疏遠我，即使再三確認，他也還是回答「我沒有生氣，只是最近太忙而已」。我想，這輩子我大概都不可能知曉原因。事實上，我的這段經歷，也不能百分百確定屬於被動攻擊，有可能對方那段時期真的很忙。就像這樣，被動攻擊的形成非常巧妙，很多時候連當事人也不敢肯定。

被動攻擊有許多種形式，根據精神分析學家威廉．梅寧格（William Menninger）的說法，被動攻擊有時會以如下的方式出現：

- 忽視某人的存在，表現出視若無睹的行為。
- 巧妙地表達出侮辱性言辭或行為。
- 令人感到不自在的負面態度和表情。
- 不管前因後果，表現出讓對方不舒服的固執和執拗。
- 不做應該做的事，或刻意不按常理進行。

被動攻擊型的人，就像是遮住眼睛玩捉迷藏的孩子，以為只要自己看不到，就算是藏得很隱密。其實，他們鬧脾氣的言行舉止，身邊的人都可以明顯感受到，只有本人認為一切掩飾得很完美，在心中暗自想著：「你大概不知道吧？雖然我因為你而心情不好，但我可是很努力不表現出來呢！」

就算發脾氣，對方也不會傾聽，對話也不可能有好結果，所以他們總是把憤怒藏在心底。換句話說，被動攻擊型的人拒絕對話，也不認為有溝通的必要。

把對方的問題留給對方

若想降低被動攻擊所帶來的負面影響，首要之道就是「忽視對方的攻擊」。一般來說，被動攻擊型的人不太會表達自己的情緒，他們不知道生氣時會有哪些行為，也不知道具體應該怎麼做。試想一下，心生不滿時，如果有能力向對方適當地表達不悅，讓對方理解自己為什麼生氣，還有必要以被動的方式展開攻擊嗎？當然不用。只有在無力解釋自己生氣的原因，不懂該如何化解情緒時，才需要採取被動攻擊。

因此，這種行為模式的問題在於對方，感到不滿的當事人，如果不把真實的原因說出來，我們也沒有其他方法能夠應對。碰到這種憋著不說的怨氣，不如就讓它原地掩埋吧！被動攻擊型的人，其行為已成為一種人際關係的相處模式，假如日後再度遇到矛盾，他們也很可能會用相同的方式處理。換句話說，他們的被動攻擊行為，不是只針對你一個人。因此，就算不採取任何行動，對方的聲譽或形象也會自動成形，沒必要著急地到處抱怨「他無視我」。因為愈是這麼做，被動攻擊型的人就愈會抵賴：「我哪有，是你反應過度了！」就算一一指出對方的行為，他們也有無數的藉口可以脫身。最後，你反而變成了窮追不捨、因為一點瑣事就大驚小怪的人。被動攻擊者會利用巧妙的手段，讓你處於尷尬的境地。

假如出現被動攻擊行為的人，是你平時非常珍惜的對象，或者必須長期維持良好的關係，那麼不妨試著以溫和的態度靠近對方，就像面對小孩子一樣，坦率地進行溝通。正如前文所述，做出類似行為的人，一般不懂得適當表達不滿，如果直接去計較行為的是非對錯，只會讓他們更加緊閉心門。因此，在嘗試與對方溝通時，應盡量在一開始就讓他知道「我想和你好好相處」。與其執著於「明明生氣了，為什麼不表現出來」，不如接受「原來對方是以這種方式生氣」。沒錯，被動攻擊型的人，就是以自己的方式明顯地「表達不滿」。雖然不算是很好的方法，但他們是以對自己而言最簡單、最自在的方式發洩怒氣。假如想讓關係長久地維繫下去，就必須接納對方的這一面。

不善於管理情緒，每個人都可能成為被動攻擊者

其實，我也曾對他人用過被動攻擊的方式，因為憤怒的情緒突然襲捲而來，當下完全束手無策。如果向對方發脾氣，好像就會瞬間掉到地底下似的，所以只想找個洞穴一個人躲起來。我討厭氣氛因此而變得尷尬，於是努力不讓他人察覺，但最後還是沒能管理好表情，情緒全都寫在臉上。

每次我都會告訴自己「等情緒稍微平靜一點，再與對方談談吧」，但真的過了那個瞬間，心情平復了以後，又覺得為什麼非得舊事重提，掀起情緒的波瀾呢？如果是非常要好的朋友，或是只有一面之緣的人，還可以毫無顧忌地發洩出來，最怕的是彼此互相熟悉，但關係尚未穩固，這種情況最讓人煎熬。

後來我才明白，被動攻擊和情感的消磨，最終只會使關係愈來愈遠，因為我已經開始感到不自在，不想與對方處在一起。想想看，既然關係遲早會變得淡漠，那麼一句話都不表達出來，真的是最好的方法嗎？還是乾脆抱著豁出去的心情，告訴對方自己為什麼生氣或彆扭呢？

這兩種做法的差異，是前者到最後依然形同陌路，而後者的意義，則是「就算對方始終無法理解」，我也已向對方坦承自己的情感。正如前文所述，被動攻擊型的人不善於表達情緒，既然關係遲早都會走向終點，不如坦率告訴對方自己的感受，把過程當作一種自我訓練。此外，若對方認可你的情緒，以後在言行方面盡量小心謹慎，那麼也有可能藉此培養出不錯的人脈。

若對方小心翼翼地靠近，主動詢問生氣的原因，不妨鼓起勇氣將自己的立場說出來吧！因為對方並沒有忽略你的被動攻擊，而是細心地觀察過你的行為和情感。站在對方的角度，他也是為了讓彼此和好如初，才願意勇敢地提問。面對這種情況，可以試著表達自己為何不滿，給予對方解釋的時間，確認雙方是否存在著分歧或誤會。切記，溝通的前提，是為了繼續維持關係，而不是破壞或斬斷彼此的交情。

Chapter

3

不費力就能贏得好感的心理學法則

道歉也講求時間間隔：道歉的心理學

如今的世界充滿各式各樣複雜的問題，收看新聞時，經常會發現連續好幾天都有人在道歉。不過，有些人的道歉可以獲得大眾諒解，「唉，人生在世本來就有可能犯錯，沒關係的」；而有些人的道歉，則是更加激起群眾的憤怒。

道歉時，究竟該怎麼做比較好呢？讓我們來參考一則最佳範例。二〇一五年時，中東呼吸症候群（MERS）在多國引爆大規模的感染，韓國某位企業家曾經公開道歉。當時他發表的道歉文被封為典範，網友們甚至還表示：「如果不懂得怎麼道歉，就直接拿這篇當範文，替換掉詞彙即可。」

首先，他在道歉信中承認隸屬於自家企業的醫院，未能阻止中東呼吸症候群的感染與擴散。接著，他表示自己的父親也臥病在床，站在患者與家屬的立場給予共鳴。最後，他承諾未來將積極改善包括急診室在內的醫療環境，盡力支援疫苗及治療藥物的研發，並提出預防疫情再度爆發和解決感染問題的相關措施。

於是，原本對該企業充滿質疑的大眾，逐漸卸下了心防，聲勢大跌的企業形象，也慢慢有所回升。成功打動社會大眾的這封道歉信，有哪些部分值得我們借鏡呢？

道歉必須包含三大要素

「認錯的姿態」、「以同理心去看待對方因我而受到的影響」、「為對方著想，提出解決方案」，以上這三點，就是道歉時不可或缺的要素。舉例來說，假如朋友對遲到的你問道：「現在幾點了？為什麼這麼晚？」

這時，如果反駁對方：「嗯？才遲到十分鐘而已啊！『韓式作風』你還不懂嗎？真的很嚴苛耶！」那麼雙方很有可能爆發爭執。反之，如果活用上述的道歉三要素，對方就不會對此繼續窮追猛打。

啊，我真的遲到了。（承認錯誤）

你在這裡等我，一定很無聊吧？（以同理心去看待對方因我而受到的影響）

抱歉，今天的飲料就讓我請客！（為對方著想，提出解決方案）

這樣的表達方式，才是真正有誠意的道歉。

不是愈早道歉就愈好

那麼，道歉的最佳時機是什麼時候呢？這個部分最難判斷。太快道歉的話，可能會讓人覺得「道歉就沒事了嗎？」；太晚才道歉的話，又可能被指責「竟然不道歉，真的很厚臉皮！」。

首先，有些道歉是愈快愈好，例如走路時不小心踩到他人的腳，或是開車時突然變換車道等，亦即「偶然發生、非個人或不嚴重的事件」。這種情況，最好立刻表示「啊，對不起」，否則原本可以當場了結的事，有可能鬧得愈來愈大。

相反的，有些道歉則需要時間沉澱。心理學家辛西亞・弗朗茨（Cynthia Frantz）和考特尼・本尼格森（Courtney Bennigson）曾做過一項實驗，探討「道歉時機對道歉效果之影響」。

研究團隊提供下面的劇本給所有受試者，請他們一邊閱讀，一邊把自己代入文中的情境。接下來，就讓我們一起讀讀看，參與這場實驗吧！

週五晚上，身為大學生的你決定和朋友一起度過，除了學校的派對，也想去看部有趣的電影。不過，朋友說因為晚上有棒球比賽，必須等到九點以後才有空，所以你一個人待在宿舍裡等待。這時，有其他朋友看到你獨自待在房裡，提議一起去參加其他地方舉辦的派對。仔細想想，雖然那邊的派對聽起來更熱鬧，但自己和朋友有約在先，最後只好拒絕眾人的邀請。

意外的是，約好的朋友最後沒有出現，甚至連一通電話或簡訊都沒有。隔天，你從別人那裡聽到朋友的消息，他居然去了你咋天想去、但因為有約在先而婉拒的那場派對！火冒三丈的你立刻打電話給朋友。

面對朋友的這種行為，內心會有多生氣和失望呢？受試者按照研究團隊提供的七個項目打分數。接著，受試者被隨機分成三組，分別閱讀不同的續集劇本。在第一組和第二組的劇本裡，朋友道歉的時機點不一樣。

在第一組的劇本裡，朋友一接到電話，馬上就針對前一天的事道歉；第二組的劇本，則是兩人先進行一段對話後，朋友才開口道歉。亦即，自己發洩完心中的不滿：「我昨天等了你那麼久，聽到有更好玩的派對也沒有去，因為已經和你先約好了。但是，你好像不怎麼重視我們之間的約定」，而朋友充分予以理解後，才開始為昨天的事道歉，並解釋自己為什麼忘記兩人之間的約定。而第三組拿到的劇本，則是朋友根本沒有為自身的行為道歉。

三組受試者分別閱讀完劇本，再依照研究團隊的指示，重新記錄自己的情緒狀態。這項實驗的目的，在於觀察受試者根據朋友道歉時機點的不同，情緒可以恢復到何種狀態。而實驗結果如何呢？首先，最壞的情況，就是預想中的完全不道歉。那麼最好的情況呢？正是第二組受試者閱讀的劇本——經過一段對話後，朋友才開始為自身的行為道歉。與此相比，一接到電話馬上道歉，其實較難讓正向情緒有所恢復。

可惜的是，很多人在當事者尚未做好準備之前，就急著向對方說對不起。接著，就自認為「反正我已經道過歉，該做的都做了」，是他心胸不夠寬大，不願意接受」。如果真的下定決心要表達歉意，就應該像前面提到的實驗一樣，先充分傾聽對方的想法，用同理心給予「共鳴」，如此才是真正有意義的道歉。

道歉不代表認輸

此外，與懂不懂道歉的方法無關，有些人在犯了錯之後，經常不願意向當事人表達歉意。環顧周圍，有些事明明只要用一句「對不起」就可以解決，但某些人就是堅持一句話也不說，導致事態愈來愈嚴重。匹茲堡大學的心理學家舒曼（Karina Schumann）教授亦指出，「的確有些人特別不喜歡道歉」。在實驗的過程裡，舒曼教授請受試者寫一封信給戀人，為自己的錯誤致歉。然而，實驗結果發現，有些人刻意迴避道歉，只是冗長地寫了些無關緊要的內容。

為什麼道歉會讓人覺得難以啟齒呢？最大的原因，就是生活中缺乏被原諒的經驗。例如年幼時坦白說出自己做錯的地方，卻受到更嚴厲的責罵，或者被當作「自首」的人一樣對待。

這類型的人，在犯錯時經常會說謊或找藉口，甚至認為道歉就是一種「認輸」的表現。這樣的態度，對人際關係絕對沒有幫助。假如自己屬於上述類型，至少應該從現在開始，努力學習如何真誠地表達歉意。

有些人因為不願意道歉而引發問題，有些人則是太常道歉，導致人際關係陷入困境。這裡所指的，不是把「對不起」掛在嘴邊，用來當作對話緩衝的人，而是明明錯不在己，卻把所有罪責攬在身上，每次都向他人寫一大篇懺悔信的人。

這種類型的人，連狂風把花盆吹倒，都會認為是自己的錯；而收到道歉的人，通常只是莫名其妙接受對方的歉意。剛開始或許會覺得對方「既善良又細心」，但如果相同的情況不斷反覆，多少會令人感到負擔和鬱悶。

如果發現自己的道歉過於頻繁，不妨改用共鳴或感謝來取代。舉例來說，與其表示「對不起，讓你久等了」，然後詳細解釋自己的情況，不如用「等太久很無聊吧？」、「謝謝你等我」來替代。這種方式，可以擺脫在自己身上找瑕疵的習慣，練習建立自信且平等的人際關係。

可愛和趣味是關係的潤滑劑：幽默的兩面性

想像一下，假如你一整天都待在家育兒，中途短暫地去了一趟洗手間。但是，孩子果真一刻也不能離開視線，在短短的幾分鐘內，她不僅隨地大小便，到處亂跑，還把家裡搞得一團亂。眼前的狀況讓人手足無措，而孩子在闖禍之後，還耍賴地嚎啕大哭，你只好一邊安慰孩子，一邊著急地清理地面。就在這時，老公剛好下班回家，看到家裡凌亂不堪，忍不住嘆氣道：

「你在家都做什麼了？我下班回家後很累，你為什麼連一個孩子也照顧不好？整個家都是大便的味道！」

在這種情況下，戰爭肯定一觸即發。不過，若丈夫是帶著逗趣的表情問：「哇，這奇異的香味是什麼？頑皮的小公主怎麼哭成淚人兒啦？」以幽默的方式應對，氣氛會不會有所不同？眼前的意外，有沒有可能成為日後談天的笑料？

幽默的人，到哪裡都受歡迎

加拿大西安大略大學的馬丁（Rod A. Martin）和雷夫科特（Lefcourt, H. M.）博士曾驗證，幽默能抑制負面事件所引發的情緒問題。羅賓．古德溫（Robin Goodwin）和丹尼爾．唐（Daniel Tang）博士也指出，具有幽默感的人，比財力雄厚或外貌出眾的人更受歡迎。

此外，三星經濟研究所曾針對「是否傾向聘用有幽默感的人」進行調查，而問卷結果顯示，有百分之五十一的企業負責人回答「同意」，百分之二十六點五回答「非常同意」。由此可見，具有幽默感的人，在社會上相對受歡迎。世界級的勵志演說家鮑勃．羅斯（Bob Ross），亦在其著作《*Funny Business*》中表示，幽默有助於增進口才、減輕壓力、克服困難，也能夠提升人與人之間的親密感，架起溝通的橋樑。其實，就算忽視上述的說明，大家也一定知道幽默的重要性。

當個無趣的人，好過拿地獄哏開玩笑

不過，就算幽默感再好，也不是隨時隨地都能恰如其分地發揮作用。舉例來說，如果媳婦在婆婆面前開這種玩笑：

「媽，你知道為什麼最近社區大廈都選用艱澀的英語命名嗎？就是因為怕婆婆來訪，所以故意都取英文名字。」

「……」

「那你知道為什麼最近大廈的名字又變簡單了嗎？因為名字取得太難，婆婆就會和小姑手牽手一起來！哈哈哈！」

面對媳婦的這種幽默，婆婆真的能爽快地笑出來嗎？這樣的婆婆想必屈指可數。類似的幽默，只適合在媳婦之間分享，站在婆婆的立場，聽起來其實很不舒服。因為這種幽默的笑點在於排斥特定對象，但聽的人恰好就屬於被排斥的那一群。

另外，當被問到「為什麼這麼晚才來」時，如果回答對方「早起的鳥兒很累啊，哈哈哈」，也只會引發負面效果。在這種情況，直接說「對不起」才是明智之舉。因為對方的心門早已關上，沒有餘裕再接受所謂的幽默。就像這樣，開玩笑時，必須要懂得考慮對方的立場和情況。

最後，在運用「戲弄」等幽默的技巧時，對象必須和自己處於相似的地位。假如對方相對弱勢，或者是不能對我做出反擊的下屬，最好不要用戲弄的方式開玩笑。如果真的忍不住，不妨先想想自己是否也屬於對方可以開玩笑的對象。

除此之外，切記不要提到會讓對方受傷的哏，假如不清楚對方的想法，就乾脆不要開這個玩笑。例如取笑他人的飯量時，刻意形容「你是做工的哦，飯吃那樣尖尖的一碗」，聽到這種話，有些人會覺得對方的意思是「你看起來食量不大，但吃飯時意外地豪邁」，但也有些人真的會因這句話而受傷。

上述的建議，可能會讓人覺得「唉呀，這樣生活不是太無趣了嗎？」，對此，我想以張惠英＊〈關於玩笑〉的歌詞做為回應。

＊ 韓國前國會議員。

如果所謂的玩笑，一定會對他人造成傷害，
那我寧願成為世上最無趣的人。
就算世界充斥著冷漠，再也沒有歡笑，
我也寧可不傷害任何人，只埋頭於自己的文字遊戲。

沒錯，與其傷害他人，還不如成為一個無趣的人就好。

向企鵝朋秀學習幽默

幽默有各式各樣的技巧，若仔細觀察，可以發現 EBS 電視台的練習生朋秀*經常用到幽默的元素。

第一，誇飾。例如粉絲詢問朋秀「我已經四十歲了，還可以喜歡你嗎」，朋秀則回答：「當然可以啊！一百歲、一百二十歲也沒問題！」比起簡單地回答「可以」，以高於人類平均壽命的一百歲、一百二十歲做為誇飾的表現，就成了更有品味、更搞笑的回應。

第二，逗趣的肢體動作。朋秀因為身材高大，所以經常跌倒。雖然身為企鵝，但他無論坐在椅子上、跨過門檻，還是在冰上行走，都會哐噹一聲跌得四腳朝天。這些行為，在無意間成為了逗趣的肢體動作。

第三，反轉。朋秀善於利用反轉的技巧，例如〈南極〉這首短詩：

南極很冷，
冷到有冰塊，
冰塊可以做刨冰，
刨冰很美味，
美味的是鮪魚，
鮪魚太貴，
貴到吃不起，
吃不起就找金明中。

＊EBS節目《Giant PengTV》中登場的企鵝角色。

這裡提到的「金明中」是 EBS 的社長。面對高層主管，通常我們會採取畢恭畢敬的態度，而不是帶著戲謔的語氣隨口就提。不過，朋秀無論走到哪裡，都習慣把社長的大名掛在嘴邊，這種與一般社會觀念不同的反轉，令人不禁莞爾一笑。如果有人問「這樣會不會太沒禮貌」，朋秀則有自己的一套邏輯——「只有社長放輕鬆，公司才能順利運轉呀！」這種說法，還真是難以反駁。

第四，可愛。朋秀很討人喜歡，連發脾氣的樣子也很可愛。韓國諧星李政洙曾表示，幽默中應該要包含可愛的語氣。喜劇演員大部分都很可愛，所以即使他們表現出生氣的模樣，觀眾也不會認為他們真的在發火，這就是為什麼大家可以笑著觀看諧星的綜藝。同樣的，年幼的孩子們其實態度真摯，不會主動搞笑或取悅他人，但大人們經常看著他們笑開懷，原因就在於孩子們很可愛。此外，平時行事嚴謹的人，如果突然做出意外的舉動，也會因為可愛而引起人們捧腹大笑。

幽默感是與生俱來的嗎？

當我們深刻體會到幽默於生活中不可或缺，希望提升自己的幽默感，但偏偏在這方面無法花錢解決，讀過相關的書籍也不見改善……這種時候，究竟該怎麼做呢？

我以前也覺得與人相處時，幽默是必要的條件，為此，我曾經把當天聽到的笑話或機智對白抄寫在筆記本上，每天反覆練習。我下定決心，日後若出現類似的情境，一定要成功博取眾人的歡笑。結果呢？雖然是一樣的台詞，但從我口中說出來，就一點也不有趣。朋友甚至還表示：「這種話如果由別人來講，應該會很好笑，但換成你就完全不有趣！」或者「你為什麼自己講，講完又一個人哈哈大笑呢？」。

最後，我認定自己天生就不具幽默感，為此感到非常難受。當時，有個朋友如此安慰我：

「有些人天生富有諧星體質，而你則是擅長傾聽、懂得捧場，這樣就夠了。」

這句話，帶給我很大的力量。回頭想想，雖然我們都喜歡幽默的人，但生活中並非「只要幽默」就好。此外，和我意氣相投的對象，也不全屬於幽默的類型。這個道理，對我來說是非常重要的體悟。

總而言之，具備幽默感固然很好，但就算缺乏搞笑體質，也不會影響人際關係的經營。只要認真傾聽他人說話，報以適當的笑容，一同參與幽默的氛圍即可。

表面的同意不等於共鳴：無條件正向關懷

你日夜辛苦地打工，才能勉強維持學業，但朋友卻說自己和戀人分手後很想自殺。這時，該怎麼反應才好呢？或者，你因為自己考了七十分，心裡非常難受，但好朋友只錯了一題，拿到九十八分就哭哭啼啼。這時，你會如何應對呢？

同理心相當於社交智商

沒錯，這兩個例子都和同理心有關。所謂的同理心，就是站在對方的立場上思考，並理解對方感受到的情緒。為此，我們需要讀懂對方目前的想法，具備設身處地的情境模擬能力。在日常生活中遭遇衝突，或者需要安慰他人的悲傷情緒時，同理心會發出最耀眼的光芒。

心理學家丹尼爾．高曼（Daniel Goleman）將

「社交智商」（Social Intelligence Quotient，簡稱 SQ）選定為左右未來社會的重要議題。社交智商指的是與他人相處的能力，其中的核心要素就在於「同理心」。若想建立良好的人際關係，就必須理解他人的情感和意圖，並為其分擔痛苦。

當出現「我都自身難保了」、「我也很辛苦」之類的想法，沒有餘裕對朋友的苦痛產生共鳴時，人們大多會有什麼反應呢？面對因失戀而想死的朋友，可能會氣憤地表示「你就是吃飽了沒事做，才有心情想東想西」；對因考試失誤而哭喪著臉的朋友，可能會不滿地抗議「你是想氣死誰啊」。

不過，如果擁有較高的共感能力，或許就會覺得「雖然我維持生計很辛苦，但朋友也有自己的煩惱和痛苦」、「我沒考好很難過，而朋友比我更加努力，一定也很傷心吧」。亦即，懂得照顧自己的情緒，也有能力體察對方的感受。

我們都很清楚，「共感」在人際關係裡非常重要。人們之所以會因關係而受傷，大多是自己的心意得不到共鳴，或者覺得沒有一個人真正給予理解。或許正因如此，我們一般都喜歡容易產生共鳴的人，並且努力以同理心去為對方著想，以求獲得好感。

應該共感到何種程度呢？

以同理心去領會對方的想法，偶爾也會遇到這樣的苦惱：

「我連這些都必須給予共鳴嗎？」

明明有時是對方的錯，但對方卻一味地責怪他人，或者脫口而出的話太過分，讓人即使想給予共鳴，也不得不停下來反思。這種時候，應該怎麼做呢？人本心理學的諮商先驅卡爾．羅傑斯（Carl Rogers）曾強調「無條件正向關懷」（Unconditional Positive Regard），也就是尊重對方本來的面貌。提到無條件的關懷或尊重，我們經常認為這意味著「好吧，無論對方做了什麼，都應該給予尊重，不要批評、指責、諷刺、糾正或判斷」，但這樣的想法，其實是一種誤解。羅傑斯提到的「無條件正向關懷」，只適用於對方的情緒狀態，不代表必須無條件接受對方的錯誤行為。

舉例來說，假如某人向你抱怨「我要殺了他」，這種情況該怎麼辦呢？從言語裡可以得知，對方的心裡充滿仇恨，而你所要做的，就僅止於閱讀對方的情緒。假如你諷刺地表示「哈，幹嘛講那種根本做不到的事」，或者做出批判性的評論，像是

「再氣也不能講這種話，而且你也有錯啊」等，就會讓對話難以進行下去。

如前文所述，「同理心」不代表我們必須接受所有的負面言行，而是不管當事人產生正面或負面情緒，都先認可對方的感受。假如一定要針對負面行為提出勸戒，等對方平靜下來時再談也不遲。例如某位同學經常咒罵老師，與其馬上勸阻「他畢竟是老師，這種辱罵不太恰當」，不如先安慰對方「你應該很難過吧？」。仔細傾聽朋友的心聲，直到對方的情緒冷靜下來後，再慢慢表達自己的看法。

活用共感能力時的注意事項

以同理心為他人著想時，還會碰到另一個尷尬的情況，那就是對方抱怨自己的配偶或戀人。這種時候，應該怎麼做呢？通常我們為了理解對方的心情，或者以相同的立場產生共鳴，會一起生氣地指責對方的配偶或戀人。但是，這樣的行為必須非常謹慎。

假如一起加入抱怨，就等於是在罵對方平時珍愛的對象。因此，從對方的角度來看，即使原本心情低落想尋求安慰，也可能突然翻臉，覺得「你憑什麼那樣講」。聽別人說配偶或戀人的壞話時，會讓自己突然憶起對方的優點，以及倍受呵護的美好瞬間，覺得「他好像不該被嫌棄到這種程度」。此外，如果把對方貶低成「垃圾」，那麼，一直以來為對方付出時間與關愛的自己，好像也跟著變得一文不值。切記，有資格指責戀人或配偶的人，只有與對方一起朝夕相處的當事人而已。

另外，如果對方抱怨的對象與自己有關，或者平時有可能見到面，就必須特別謹言慎行。雖然是站在對方的立場給予共鳴，但必須注意「禍從口出」，如果最後謾罵的內容被傳出去，反而會影響到自己。當然，立刻阻止對方「我們不要在背後說閒話」，也可能對其造成傷害，這時，只要靜靜把焦點放在對方的情緒上就好。

總而言之，與其專注於第三者的言行，指責「他居然那樣說？真的是垃圾耶！太壞了」，不如從情感上慢慢靠近，安慰對方「聽到這樣的話，一定很傷心吧？」。

提升共感能力的三種方法

那麼，有什麼方法可以提升共感能力呢？看看下面的例子就能得到答案。義大利的神經科學家賈科莫．里佐拉蒂（Giacomo Rizzolatti）在觀察猴子的額葉時，發現了奇怪的現象：當實驗猴看到其他猴子在吃花生，大腦就會變得活躍，彷彿自己也在享受花生的美味。科學家順著這條線索持續探究，最後透過各種實驗，在構成神經系統的神經元中，發現了鏡像神經元（Mirror Neurons）的存在。鏡像神經元讓人類從幼兒時期就懂得模仿，學習生活的必備能力，同時也能感受到他人的情緒。

因此，若想增進共感能力，可以從小就加強訓練鏡像神經元的發展。假如家中有年幼的子女，經常和孩子面對面坐下來，以遊戲的方式模仿彼此的表情或行動，便有助於提升孩子的共感能力。

如果已經長大成人，可以試著多閱讀小說。尤其在文學性高的純文學作品裡，經常會細膩地描寫各種角色的想法、情感和行動，閱讀時不妨跟著劇情推進，訓練自己投入情緒。

知名心理學家大衛・科默基德（David Comer Kidd）和埃曼努埃爾・卡斯塔諾（Emanuele Castano），曾透過實驗證明了上述理論。研究團隊按照題材和長度將文本分類，讓受試者分別閱讀不同的作品。受試者一共分為五組：純文學短篇小說、純文學長篇小說、報導文學、戀愛或奇幻等大眾小說、什麼都不讀。

接著，研究團隊測驗受試者能否只根據眼神，就推測出他人的情緒。結果發現，閱讀純文學短篇小說和長篇小說的組別，獲得的分數比其他組來得高。而閱讀報導文學、大眾小說的組別和什麼都不讀的人，在分數上沒有明顯的差異。

對於實驗結果，研究團隊解釋：「純文學把焦點放在人物的心理描寫，在閱讀的過程可以體驗各種情緒，有助於培養共感能力。」

最後一個方法，就是模仿共感能力出色之人。觀察他們在聆聽別人的故事時會如何反應，然後跟著做做看，這種方式也是有效的自我訓練。

每個人都喜歡「相處起來舒服自在」的對象，但首先我們必須努力讓自己成為這樣的人，其中最重要的元素，就是前文提到的「同理心」。當對方表示「我真的很難早起」時，如果我們斬釘截鐵地回答「是嗎？那早點睡不就好了！」，邏輯上雖然完全沒有問題，但雙方的對話就再也接不下去了。切記，面對各種情境，唯有發揮同理心，才能溫暖地在人與人之間架起溝通的橋樑。

缺乏靈魂的稱讚只會引發反感：自我驗證效果

我們在聽到稱讚時心情會變好，因為有獲得認可的感覺。不過，稱讚真的是包治百病的靈藥嗎？百分百可以讓人心情變好？實際並非如此。在日常生活裡，大家多少有過類似的經驗：雖然受到稱讚，但感覺這個人不怎麼了解我，擔心下一次反而讓對方感到失望。

為什麼被稱讚卻不開心，甚至還感到負擔？

社會心理學家大衛．基爾（David Kille）以「對稱讚的反應」為題進行了研究，而研究結果顯示，難以坦然接受稱讚的人大多缺乏自信，認為周圍的人不太可能喜歡自己。這些人即使聽到讚美，也會不安地猜想「他大概不曉得我是怎樣的人」，或者

「下次萬一辜負對方的期待怎麼辦」。與謙虛的態度不同，這類型的人是打從心底認為自己不值得受到讚美。

假如自己也屬於這種類型，該怎麼做比較好？每次聽到稱讚時，都只能尷尬地愣在原地嗎？接下來，我將要介紹如何坦然地接受他人的讚美。

發現這項方法的研究團隊，曾經進行過一項實驗。他們交給受試者一個特定的詞彙，然後讓其中一組受試者思考該詞彙的上層概念，另一組受試者則思考該詞彙的下層概念。例如「咖啡」這個詞彙，上層概念有「吃的食物」、「喝的飲料」等，而下層概念則有「美式咖啡」、「卡布奇諾」、「拿鐵」、「焦糖瑪奇朵」等。

實驗結果發現，專注於上層概念的組別在受到稱讚時，大多把對方的讚美當作對「我」這個人的評價，內心自然而然會產生負擔。相反的，專注於下層概念的組別，則將稱讚鎖定在某項具體且微小的行動上，並對此感到喜悅和滿足。

因此，在聽到稱讚時，與其認定對方「正在評價我的為人」，不如想著對方只是「看好我目前的行動」，如此一來，就能更輕鬆地面對他人的讚美。

其實，這種方法也適用於其他方面。例如自身的缺點或錯誤遭受指責時，如果把對方的話視為對個人的整體評價，內心肯定會十分難受，然後出現防禦性或情緒性反應。不過，如果認為對方的指責只是針對特定行為，內心的抗拒就會減輕，有助於解決實際問題。

舉例來說，聽到對方說「你經常遲到，希望多注意一下時間」時，如果把它當作對自己的整體評價，就會覺得「原來我平常工作表現不佳」。接著，內心會開始產生「難道你沒遲到過嗎？」、「不希望我遲到，就不要給我那麼多工作，害我一直加班啊」的想法。不過，如果把對方的話鎖定在特定行為上，即使聽到指責的當下心情低落，也會馬上能夠整頓好思緒，想著「也是，我本來就容易睡過頭，以後睡前盡量少滑手機」，就此畫下句點。

有效的稱讚，必須蘊含關心與真誠

正如前文所述，接受稱讚時，應盡可能把稱讚的範圍縮小，套用到具體的行為上。

那麼，在稱讚他人時，又該怎麼做呢？給予稱讚時，肯定也有明確又有效的方式。

第一，稱讚時應聚焦於行為，而非對方的性格。讚美對方的個性，又稱為「特質稱讚」，例如「你真善良」、「你真聰明」，是針對某人的整體特質給予讚賞，也是我們經常使用的方式。不過，就算自己的誇讚是基於好意，從聽者的立場來看，仍有可能感到負擔。此外，稱讚時最好不要加入期待或比較。所謂的「期待式稱讚」，指的是在誇獎對方的同時說出自己的期望，例如「做得真棒，下次肯定能做得更好吧」；而「比較式稱讚」，則是「某某人都做不到，但你卻做到了呢」等。無論是哪一種，對聽者來說都是壓力，不屬於真正為對方著想的稱讚。

第二，給予對方符合個人理想的稱讚。羅徹斯特大學的珍妮佛．卡茨（Jennifer Katz）教授曾進行過一項實驗，研究人們偏好什麼樣的讚美。首先，受試者進行了簡單的自我介紹，而主持人則以此為根據，給出相應的稱讚。例如「我叫金哲洙，興趣是繪畫」，那麼，主持人就會以下列的方式給予讚美：

- 你喜歡畫畫，好有才氣哦！
- 真的很親切又很帥氣。

接著，研究團隊詢問受試者，上述的兩種稱讚，哪一種更讓人感到雀躍。雖然乍看之下兩者都是讚美，但實驗結果顯示，有超過百分之三十的受試者，對第一項稱讚較為滿足。而最主要的原因，就是自己同意或認可的部分，受到了對方的讚許，產生「自我驗證效果」。換句話說，當對方也認同我的自我認知，內心就會倍受肯定：「沒錯，我真的是這樣的人。」不僅心情相當愉快，也會對稱讚自己的人擁有好感。因此，平常最好多觀察一下他人如何描述自我，然後在合適的時機說出有關的讚美。

第三，稱讚對方的努力。暢銷書《心態致勝：全新成功心理學》（*Mindset：The New Psychology of Success*）的作者、美國史丹佛大學心理學教授卡蘿·杜維克（Carol S. Dweck），也進行過與稱讚相關的研究。首先，實驗將受試者分為兩組，並施行簡單的智力測試。接著，研究團隊以「頭腦聰明」等說法，對第一組的能力表達讚賞；而第二組，則是對他們「認真解題的模樣」大為讚許。

接下來，研究團隊交給兩組相同的試題，並詢問道：「這份題目雖然有點難，但要不要試著解解看？」這時，能力受到肯定的第一組，因為害怕形象會扣分，所以乾脆拒絕解題，或者在寫不出答案時，表現出非常挫折的模樣。反之，因努力而受到稱讚的第二組，大多爽快地回答「願意嘗試」，實際上成績也進步了不少。

此外，研究團隊還發現，那些因努力而受到稱讚的孩子，考試成績上升了百分之三十左右，而能力受到誇獎的孩子，成績則下滑了百分之二十。如實驗所示，若打從心底為對方著想，稱讚對方的努力才是最好的方法。

當然，在稱讚對方的努力時，還必須包含以下三個部分。第一，表達具體事實；第二，讚許努力的過程；第三，回顧自身努力的提問。以誇獎孩子成績進步為例：

・上次考了六十分，這次拿到了六十八分呢！

（表達具體事實）

・這段期間，每天多複習了十分鐘吧？堅持不懈的樣子真棒！

（讚許努力的過程）

・這次考試，你對自己的努力還滿意嗎？覺得自己盡力了嗎？

（回顧自身努力的提問）

適當的稱讚，能夠帶給沮喪之人鼓勵，有助於提高問題解決能力，看到自身積極的一面，並增進所屬團隊的歸屬感。稱讚是一種愛的表現；既然要表達關愛，不妨就用更有效的方式傳達心意吧！

感恩是對自我的尊重：林肯救豬

在這一章節，將介紹輕鬆與他人親近的方法。這個方法雖然簡單，但效果十分顯著，也能鞏固彼此間的友好關係。從表現方面來看，就是將「我明白你對我的付出，假如哪天你需要我，我一定在所不辭」的心意傳達出去。這個方法，也是人際關係的潤滑劑，但人們經常低估其作用。猜猜看，接下來要談的主題是什麼呢？

感恩，也是一種才能

沒錯，正確答案就是「感恩」。有些人吝於表達感謝之意，因為擔心自己的行為看起來沒有誠意，或是顯得阿諛奉承。此外，也有些人害怕自己在表達感謝時，地位會變得相對弱勢，或者產生依賴的情形。

不過，真正懂得感恩的人，不僅僅是對他人，對自己也會表達感謝。在尊重他人、尊重自我的情況下，還有可能受到輕視嗎？當然不會。

某些人會認為「有值得感恩的事才需要說謝謝」，如果自己也屬於這種情形，就需要檢討一下是不是對感恩訂定過高的標準。感恩源自於瑣碎的細節，若再把對象分成「自我」、「他人」與「世界」，那麼值得感謝的事物就更加無窮無盡。

認知行為治療心理學家亞伯特・艾利斯（Albert Ellis）主張，人類如果得不到自己想要的事物，就會出現指責自我、他人或世界的傾向，並由此引發情緒問題。那麼，如果試著反過來看，尋找自我、他人或世界有哪些部分值得感謝呢？早上睜開眼、吃飯、穿衣服、走路、對話、工作、休息……若仔細觀察各種圍繞著生活的日常行為，就會發現生命處處值得感激。

有效傳達感謝的方法

那麼，在表達感謝時，應該怎麼做呢？最好的方法，就是懷著感恩的態度，把內心的感動傳達出去。與其籠統的表示謝意，不如指出特定的事件，對此實際表達感謝。舉例說明如下：

- 老師，這一年謝謝您。
- 老師，謝謝您今年在我徬徨無助時，告訴我「過去雖然無法改變，但現在的選擇，可以讓未來有所不同」。

兩個人的感謝雖然都出自真心，但和第一種說法比起來，第二種表現方式更加觸動人心。此外，在表達感謝時，比起把焦點放在自己獲得的利益上，集中稱讚對方會顯得更為積極。舉例如下：

- 多虧有你代替我的職務，我才能好好休息一下。
- 看到你代替生病的我值班，真心覺得你是個充滿溫暖的人。

如果覺得這些方法過於複雜，那麼只用「謝謝」來表達也沒關係。對我伸出援手的人，是在自己能力所及的範圍內提供協助，因此，我也只要在自己可以負擔的程度上表達感謝即可。

假如內心的情緒非常澎湃，希望讓對方印象深刻，執著於以特別的方式表達感謝，反而會在無形中增加壓力，更難將心意傳達出去。另外，在猶豫不決的過程裡，隨著時間流逝，心中的感謝也會變得更難說出口。其實，在表達感恩時，和「強度」比起來，更重要的在於「頻率」。

心懷感恩並表達出來，人際關係也會相對順利，得以過上健康、滿足的生活。心理學家羅伯特・埃蒙斯（Robert Emmons）曾做過一項實驗：將受試者分成三組，請他們持續十週、就特定主題進行寫作。第一組受試者的主題為感激，第二組為壓力，第三組則是重要的事物。實驗結果顯示，針對感激的事物撰寫文章的學生，對生活的滿意度高，承受的壓力較小，健康狀況亦相對良好。

心理學家芭芭拉・弗雷德里克森（Barbara Fredrickson）也指出，人很難同時感受到正面與負面情緒，就像我們無法一邊笑、一邊發脾氣一樣，因此，若能多去回想正面情感，就能減少內心的負面感受。從現在起，只要我們積極地向身邊之人表示感謝，自己和對方都能嚐到甜美的果實，創造出雙贏的局面。

付出不求回報

假設我們花時間和金錢幫助了某個人，但對方不僅不感激，還認為一切理所當然。這時，我們會作何感想呢？下次肯定拒絕再伸出援手。在日常生活裡，人們經常因這種情況導致關係破裂，為了提前預防類似的問題，接下來就讓我們一起看看「林肯救豬」的故事。

亞伯拉罕・林肯（Abraham Lincoln）在成為美國總統之前，曾經搭乘馬車外出旅行，但在路途中，突然聽見車外有小豬發出的悲鳴聲。林肯好奇地朝窗外查看，發現一隻小豬正在泥沼裡奮力掙扎。他立刻停下馬車，一個箭步跑上去救出小豬，但原本高貴的衣裳，卻因此沾滿泥土，看起來狼狽不堪。這時，身邊的人問道：「明明可以直接路過就好，為什麼要特別停下來救牠呢？」林肯回答：「如果見死不救，我一整天都會心神不寧，旅行也會跟著泡湯。但是，如果我停下來幫助牠，心裡就會變得踏實。歸根究柢，這樣的行為也是為了我自己。」

向他人伸出援手時，應該想著這樣的行為是「為了自己」，而不是「為了他人」。假如對他人釋出善意後，就認為對方從此欠我人情，這種想法無異於背離了「助人」的本質。同樣的，在獲得他人幫助時，別忘了由衷表示感激，如此一來，才能在彼此的關係中取得最佳平衡。

I♡U

謙遜與稱職的差異：語音辨識系統

在成長的過程裡，我們一直都被教導要懂得謙遜。不過，「謙遜」其實也有另外一種視角。試想一下，假如你遭遇交通事故被送進醫院，兩位醫生分別做出如下的說明：

A：「你現在需要馬上動手術，但我的實力沒那麼好，以前成績也不是很優秀，手術有過一、二次失敗的經驗。不知道你是否能放心地交給我呢？」

B：「你現在需要馬上動手術，放心吧，我以前讀書認真，過去百分之九十八以上的手術都很成功。比起其他醫師，把手術交給我更合適。」

面對這種情況，你會選擇哪位醫師呢？是謙虛的A，還是稱職的B？大部分的人都傾向選擇後者，因為我們需要的是有能力的人。換句話說，謙遜並非在所有情境中都屬於美德。

那麼，在日常生活裡呢？假如和同事一起做的專案出現問題，應該謙虛地承認錯誤，還是主張自己無罪，追究他人的責任？這種狀況著實令人為難。

謙遜與稱職之間

某個有趣的實驗，正好與上述的現象有關。史丹佛大學的研究團隊，曾請受試者們利用語音辨識系統，搜尋指定的書名，然後放進購物車。不過，該語音系統出錯的情形十分嚴重，因此，受試者在執行研究團隊指派的任務時，會反覆地經歷困境。

研究團隊將受試者分為兩組，讓他們分別看到不同的系統提示。第一組受試者看到的通知視窗為「系統無法辨識，請重新嘗試」，亦即程式研發者謙虛地承認自家系統的不足。反之，第二組受試者看到的訊息是「發音不夠清晰，請放慢語速重新嘗試」，把責任歸咎於使用者。實驗結束後，研究團隊請受試者們針對兩組語音系統進行評價。

結果發現，受試者對於語氣謙遜的系統提示相對包容，而對於指責自身發音或語速的系統提示大為光火，甚至出言辱罵設計軟體的公司。

然而，令人驚訝的是，在評價系統效能時，結果卻完全相反！雖然兩種系統都在同一個部分出現相同的識別錯誤，但比起語氣謙遜的系統，受試者們大多認為粗魯無禮的系統效能更好。

從這個實驗可以進一步推論：假如有人承認「是我的錯」，人們會對其抱有好感，但是認定他能力不足；相反的，如果有人指責「一切都是○○的錯」，人們雖然覺得他冷酷無情，但同時也會肯定其能力。

「善良又能幹的人」，這種目標有可能實現嗎？

那麼，究竟該怎麼做呢？要謙虛地表現出善良的一面，或是刻薄地把錯怪在他人身上，讓自己看起來精明能幹？答案全取決於自己想成為什麼樣的人。如果希望自己看起來和藹可親，就謙遜地承認自己的過失；如果渴望營造出幹練的形象，就去評價他人犯下的錯誤。

不過，我們需要留意的是，如果不能獲得他人的好感，就算能力再出色，也很難受到百分百認可。因為在缺乏好感的前提下，人們不太願意給予稱讚。從這個層面上來看，「謙遜是種美德」這句話，也並非毫無道理。謙遜的態度，確實能夠贏得他人的好感。

美國霍普學院（Hope College）的達里爾·範·通格倫（Daryl Van Tongeren）教授，曾在聚會上要求大家以下面兩種版本進行自我介紹。

A：我經常聽到他人稱讚我很聰明，但我自己並不那麼認為。

B：我經常聽到他人稱讚我很聰明，我也覺得我天生就很棒。

受試者對謙虛的A版本，表現出更熱烈的歡迎。此外，史丹佛大學研究團隊進行的實驗發現，比起自我稱讚，給予他人讚美時，更能贏得眾人的好感。

不過，一直保持謙虛的態度，有時可能會擔心自己看起來能力不足。對此，研究團隊發現，就旁觀者的立場來看，比起當事人一味地自我稱讚，他人的誇獎反而較具有說服力，容易讓人相信其能力。

換句話說，若以此實驗結果為基礎，最佳的策略應該是與他人維持互相稱讚的關係。我稱讚對方，能夠順利贏得好感；對方稱讚我，他人就會認可我的能力。假如能夠保持這樣的人際關係，就能同時擁有善良與幹練的形象。

將謙虛活用成處世之道

若缺乏謙遜的態度，就會過於堅信自己的意見正確無誤，有時甚至會無視他人的反應。美國杜克大學社會心理學教授馬克·利里（Mark R. Leary）指出，不懂得謙遜的人，在與他人意見不同的情況下，較容易大發雷霆，覺得對方思想愚蠢，而不是試圖理解對方的立場。只是因為意見不同，未能按照自己的意願行事，就認定對方頭腦愚鈍，這種心態，真的能維持健康的人際關係嗎？由此可見，謙虛也是一種必要的處世之道。

如果想表現出謙遜的姿態，說話時有一個小訣竅，就是再補充一句「這是我的想法」。在談論某項主題時，堅決果斷的語氣，雖然能讓自己看起來充滿信心，但是卻少了一點謙虛感。如果在表達意見時多加一句「這是我的想法」，除了充滿自信之外，還會讓人覺得「這只是我的個人意見而已，也不一定完全正確」。

此外，如果想養成謙虛的習慣，就必須督促自己多閱讀。因為讀的書愈多，就愈會發現自己視野狹隘，並擁有一顆寬容的心去承認錯誤。

謙遜就是承認自己的不足，認知個人的觀點或信念可能有誤。換言之，學會謙虛，就是認可他人比自己正確或優秀的過程，是人生中不可或缺的態度。

人際關係也需要基本單品：SOLER 法則

如果生活是一齣延續不斷的話劇，我們應該穿什麼樣的服裝出場呢？採買衣服時，如果只挑華麗、亮眼的款式，實際能穿的次數不多，以後還會煩惱「我的衣服為什麼那麼少」。不過，如果買的是白色T恤、牛仔褲或米色外套等「基本單品」，日後就可以隨意搭配。其實，人際關係也有所謂的「基本配備」，只要擁有這些條件，與人交往就不至於產生嚴重的問題。

第一項基本配備：外貌

首先是「外貌」。很抱歉一開始就談到這個問題，不過，外貌其實遠比想像中重要，正如俗話所云：「別用外貌來評斷一個人，但請記住，他人會用外貌來評價你」。

外貌出眾的人犯罪，有時甚至能少受一點懲罰。二〇〇四年，在韓國曾發生著名的「美女強盜」事件。當時被指認為嫌疑犯的二十二歲李姓女子，因為信用卡債務問題，和男朋友聯手綁架路人，用刀威脅強奪錢財，被列為特殊強盜犯。不過，當通緝海報上的照片傳開後，大眾卻紛紛表示：「這個女生怎麼可能犯罪，是誣陷吧！」有些人甚至還創建了粉絲俱樂部，主張李姓女子無罪，高喊「你沒有錯，我們支持你，加油」。或許令人難以置信，但這一切全都是因為李姓女子美貌出眾。

上述的案例雖然較為極端，但外貌出眾的人，單憑一張臉就能吸引眾多人支持和跟隨。對此，亞里斯多德甚至表示：「美麗的外貌，比推薦信還更具有說服力。」你不信嗎？紐約羅徹斯特大學的心理學家大衛·蘭迪（David Landy）和哈羅德·西格爾（Harold Sigall），也用實驗證明了這一點。

研究團隊請受試者為學生的文章打分數，不過，當相同的作品附上寫作者的照片後，分數卻產生明顯的變化。如果照片裡的人外貌出眾，分數就會提高一點五分左右；若照片裡的人貌若無鹽，分數則會降低約二點七分。

同樣的，這種原則也適用於學生評價老師。德州大學的研究團隊讓學生們評價老師的教學，課程採用影像軟體進行，只有授課教師的外貌不同，聲音、語速、教學水平等全都相同。儘管如此，外貌具有魅力的老師，仍獲得學生們較高的評價。

其實，外貌亮眼的優勢寫一本書也寫不完，只會讓人愈看愈難過，所以先在此打住。

那麼，到底該怎麼做呢？

外貌是與生俱來的，有些人不費吹灰之力，天生就得以享受這種優勢，而且外貌的框架，幾乎無法做太大的改變。如此說來，在這樣不公平的世界裡，我們就只能認命嗎？不，我們還有希望，一定有某些事物可以靠自己的力量扭轉。

首先，是將自己的外貌打理得端正整潔，務必要在這個部分拿到分數。所謂的外貌，指的不僅僅是臉的長相，包括髮型、穿著、散發的氣味，也都屬於外貌的一環，最好給人乾淨俐落的印象。

此外，平時若能掌握自己的身材與穿衣風格，也會對外貌有很大的加分。這一點，我們可以從他人的反應進行觀察，例如當天的穿著如果能襯托出個人魅力，一定能聽到周圍人的稱讚，像是「哇，這件襯衫的顏色跟你很搭」。我們可以記住適合自己的色調，然後學習如何靈活運用。

有些人肯定會想，「我的穿著不是為了討好任何人，我也有屬於自己的時尚」，希望嘗試更大膽或前衛的裝扮。當然，生活在民主國家，我們本來就有穿衣的自由，且這種堅持與勇氣，也可能成為另一種個人魅力。讓我們來看看相關的實驗。

瑞典烏普薩拉大學的萊莫斯教授，讓實驗參與者每人拍攝三張照片，但面部表情都是相同的。在拍攝第一張照片時，研究團隊請受試者穿上自己認為最有魅力的服飾；第二張照片，穿著自己認為最不好看的衣服；第三張照片，則換上自己覺得最舒服的服裝。但事實上，攝影師在取景時，只對焦在實驗參與者的表情上。

接著，研究團隊向其他受試者展示這三張照片，並請他們選出哪一張最具有吸引力。看不到姿勢和服裝，而且表情全都一模一樣，受試者根本不知道該從哪裡進行評估。不過，實驗結果卻令人驚訝，當受試者穿著自己覺得最有魅力的衣服時，被選中的機率也相對較高。換句話說，穿著自己喜歡的衣服，就會隨之產生自信，也會讓他人在不知不覺間感受到魅力。

但是，不管穿什麼樣的衣服，都一定要注意整潔。除非你擁有絕世美貌，否則不可能好幾天頭髮不洗、衣服沾到泡菜湯汁，還能贏得眾人的好感。

第二，是面帶微笑的表情。當然，某些人可能會持否定態度，覺得為什麼要刻意強顏歡笑。不過，心理學家里茨（Vicki Ritts）和帕特森（Miles Patterson）發現，若希望對方留下好的印象，比起在面部表情、動作或語氣上費心，單純的一個微笑，反而更能獲得好評，而這也是我們能憑藉個人力量改變的部分。最具代表性的例子，就是韓國藝人徐敏貞。有「微笑天使」之稱的她，其實過去的表情有些陰沉，直到出道前，她每天花三個小時練習微笑，整整持續六個月，最後才以美麗的笑容出名。如同堅持運動能夠雕塑身材一樣，我們的臉部也是由肌肉組成，所以表情完全有可能產生變化。

該怎麼做才能擁有美麗的微笑呢？具體方法如下：

- 充分放鬆臉部肌肉，讓眼睛和嘴巴自然地笑出來。
- 上下動一動眉毛，然後輪流眨眨眼，放鬆眼睛周圍的肌肉。
- 鼓起雙頰，讓空氣在嘴巴裡左、右、上、下滾動。

- 接著，嘴裡吸滿空氣，最大限度地將嘴唇往上提，像是拉提臉部一樣反覆地把空氣排出。
- 最後，念出尾音有「一」、能夠讓嘴角上揚的單字，持續十秒鐘，自然的微笑就完成了！

如果體認到外在的價值與內在一樣重要，並且懂得好好利用，它就能成為你獨特的優勢。另外，如同看到自己珍視的人，會自然而然想讓他們變得更漂亮一樣，以相同的態度來照顧自己也非常重要。當然，這些都僅止於他人看到的外貌，真正的內在，必須透過時間才能證明。

第二項基本配備：品性

波蘭的心理學家沃格丹・沃西茲克（Bogdan Wojciszke）發現，除了談判的情況之外，人們其實更喜歡「溫暖」的個性，而不是優秀的能力。試想一下，比起精明幹練、處事冷酷的人，我們是不是更願意和溫暖、自在的人一起分享平凡的日常呢？

在演藝圈裡，偶爾會有以「高冷」形象大受歡迎的藝人，不愛笑、高傲、幹練的魅力，吸引著眾人的目光。不過，我們要注意的是，這些人雖然擁有美麗或帥氣的外表，表面上看起來冷淡，但深掘後經常會發現「呆萌」、「溫暖」與「親切」等性格反轉。

心理學家所羅門・阿希（Solomon Asch）的實驗，也恰好證明了這一點。研究團隊將描述同一人的句子，分別展示給兩個不同的組別。

- 這個人「聰明、幹練、認真、溫暖、堅毅、務實、謹慎」。
- 這個人「聰明、幹練、認真、冷漠、堅毅、務實、謹慎」。

察覺到了嗎？兩個句子幾乎一模一樣，但一組看到的是「溫暖」，另一組看到的則是「冷漠」。雖然只有一個部分有變動，但結果卻截然不同。

看到介紹文字中出現「溫暖」的組別，認為那個人善於社交、受歡迎、品性良好且富有人情味；而看到「冷漠」的組別，則認定那個人缺乏社交性、沒有幽默感、以自我為中心，並且相當吝嗇。

S (Squarely)	面向對方
O (Open)	不要蹺腳或雙手抱胸，採取開放的姿態
L (Lean)	上半身微微向對方傾斜
E (Eye contact)	與對方眼神接觸
R (Relax)	不要緊張，保持舒服的姿勢

同樣的，心理學家凱利（Kelly）也發現，在課程開始前，如果介紹講師是個「溫暖」的人，那麼學生不僅會更用心聽課，課後也會給予講師較高的評價。如同實驗所示，「溫暖」這項特質，是影響印象形成的重要關鍵。

那麼，該如何才能讓對方感受到溫暖呢？「傾聽」就是其中一項方法。簡單來說，就是發出認真聽對方說話的信號。

傾聽最基本的方法，是諮商專家傑拉德．艾根（Gerard Egan）提出的「SOLER」原則。

以上方所述的姿勢，搭配「嘆詞」來引導對話進行。例如當對方因為某件事大發雷霆，不必刻意附和「你心情一定很差、很生氣吧？」，只要用「嗯……」來回應，就能讓對話順利延續。接著，在傾聽的過程中，以「唉呀」、「啊，原來如此」、「真的會那樣」等方式，進一步傳達「我在認真聽你說話」的訊息。

其實，人們有時會擔心自己看起來好欺負，所以故意裝出強勢或冷漠的模樣。但別忘了，以溫暖做為待人的基本態度，在很多方面都能獲益。

第三項基本配備：體力

人際關係的最後一項基本配備是「體力」。體力虛弱，就猶如和一支容易沒電的手機簽定終身契約。站立時總想著坐下，坐下時總想著回家，回家後就只想躺下，因此，體力不佳的人，根本沒有餘裕仔細傾聽他人的故事。此外，因為沒有力氣發表個人意見，所以言語經常十分簡略，不可能達成良好的溝通。每當身體感到疲倦時，心情也會無緣無故煩躁，表情抑鬱陰沉，導致周圍的人開始猜想：「是不是因為我？我做錯了什麼嗎？」讓他人不斷察言觀色，自己也會感到過意不去，但最後又因身體提不起勁，根本無暇顧及身邊的事物，於是乾脆放任不管。韓劇《未生》也出現過如下的經典台詞：

「如果你有想實現的目標，就先養好體力吧！你之所以經常在下半場崩潰、受到傷害後難以恢復，或者犯下錯誤後反應遲鈍，都是因為體力已到達臨界點。體力不足的話，就會急著回到舒適圈，導致耐心下降；無法承受疲勞感的話，就無暇顧及所謂的輸贏。若想成功，就要先鍛練好身體，讓身體足以承擔你的煩惱。假如沒有體力做為支撐，意志力只會淪為口號。」

仔細觀察的話，會發現唯有體力達標，才能在生活中扮演好自己的角色。舉例來說，先不論內心的想法，如果母親一直處於疲憊狀態，真的能把孩子們照顧好嗎？只要孩子們一哭鬧，媽媽很可能就會感到不耐煩，要求孩子「不要和我說話」，表現出冷淡的模樣。接著，在體力和精神恢復後，又會為自己當時的言行感到後悔，「我怎麼會那樣對孩子說話呢……」，不斷反覆相同的模式。

體力下降的話，思考也會跟著緩慢。雖然有人說筋疲力竭時，就要用意志力支撐，但意志力只是用來輔助的行動電源，體力才是最重要的根本。每天透過充足的睡眠和運動增強體力，將身體調整到適當的狀態，是建立和諧人際關係的基本要件。

Chapter

4

應對無禮之人的心理學法則

明確的憤怒有助於改善關係：以怒為盾

有一種性格稱為「多血質」，若仔細聽對方解釋，大多可以認同他們發火的原因；不過，有時也會忍不住覺得對方生氣的理由過於牽強，好像沒必要如此激動。多血質的人，發火時經常沒有徵兆，難免令周圍的人感到不安，且就算對方的地位比自己高，他們也不會掩飾自身的不滿——「我認為不是這樣」，唯有把糾結或鬱悶的部分吐出來，內心才會感到暢快。假如和多血質的人意見相同，他們就等同於最堅實的夥伴；但如果意見相左，應對時就會非常疲憊。

和不曉得什麼時候會生氣的人相處，氣氛會變得非常僵，也無法自由地表達意見。如果緊張的氛圍持續下去，團體之間的交流亦會全部停擺。

適當地配合對方，就能開啟對話之門

對方突然發火時，該如何應對比較好呢？一般人受到指責，會瞬間擺出防禦姿態，例如「事情不是那樣」、「我的情況~所以~」等。不過，這樣的反應，也可能換來一連串冷言冷語，「我知道啊，但那是你個人的情況」、「我連這些都要在意嗎？」……聽到這些話，就多血質者的立場來看，他們會覺得對方不願聽自己解釋，因此感到更加憤怒。「那你為什麼不理解我？」、「你明明也不懂我的心意，為什麼要求我懂你，怎麼能那麼自私」，結果對話的走向只會愈來愈極端。

此外，多血質的人認為自己比任何人都還要努力，所以無法接受他人糾正，更不打算聽取周圍的建議或忠告。即使勇敢地提出意見，最後也只會引發嚴重的紛爭，演變成「讓我看看你能做多好」。經常發脾氣的人，通常覺得自己務實、分析力強且善於判斷情況。波蘭華沙大學的研究團隊曾調查過學生發火的頻率，然後詢問道：「現在我們要開始做智力測驗，你們覺得結果會如何？」

實驗發現，生氣頻率愈高的人，愈會認為自己是聰明的一方。由此可見，如果否定多血質者的判斷，對話就愈難朝積極的方向發展。這種時候，我們應盡量用冷靜的態度配合對方，像是「嗯……你果然很敏銳呢」、「判斷能力真強」等。

嚴重多血質的人，大部分性格急躁，多少會給人一種權威感。擁有這種傾向的人，發脾氣就像石頭從高處掉下來一般自然。因此，當多血質的人生氣時，與其和他們正面碰撞，不如調整自身的態度，先溫柔地予以配合。或許有些人會這麼想：

「不是啊，他順著自己的脾氣，想做什麼就做什麼，為什麼我要單方面忍讓？」

然而，人際關係最基本的前提，就是「人不可能輕易改變」。在無法改變對方的情形下，能調整的只有自己的心態。迅速掌握對方的脾性，調整自身的行為，不等於認輸的表現。換句話說，讓步的出發點不是為了對方，而是與自己應對進退的能力有關。

若真的有些規定必須要求對方遵守，那麼最好事先訂出「每個人都必須做到、無一例外」的準則。如果還是想個別向對方「提出建議」，有三件事務必銘記在心。

第一，仔細觀察對方的情緒，選擇安靜且沒有第三者的地方，再把自己心中的話說出來，絕對不要在大庭廣眾下提出異議。

第二，必須事先意識到對話有可能不順利。人們通常不喜歡他人言及自己的弱項或缺點，尤其說話者不是出於惡意時，內心更會感到委屈。在對話的過程裡，多血質者的聲音有可能愈來愈大，讓你產生被威脅的感覺。就你的立場來看，明明是鼓起勇氣向對方提議，卻完全不被採納，在這種情況下，很可能會衝動地與對方斷絕往來。

第三，必須認清人的個性不容易改變。當然，從對方的立場來看，或許可以用自己的方式努力看看。但是，對話的目的絕不能放在改變對方，將我的情感或目標順利傳達出去，本身就非常有意義。溝通時，可以把對方「行為」引起的個人「感受」和「情緒」說出來，並告訴對方，自己希望建立同等且互相尊重的關係。

屬於多血質的人，必須釐清自己為什麼發火

首先，憤怒是一種很自然的情緒，並沒有所謂的對錯。你發脾氣的用意，在於告知他人目前的處境非自己所樂見，也是一種自我保護的手段。

但是，如果順著脾氣衝動行事，不僅會破壞周圍的人際關係，還可能永遠無法挽回。此外，身邊的人也會感到異常地不自在，因為必須時時刻刻觀察你的臉色。切記，生氣最終的目的不在於斬斷關係，而是希望在不受傷害的前提下，與他人和平共處。

因此，平常應該盡量取得周圍之人的諒解，例如「我知道自己的性格火爆，身邊的人會因我而感到不舒服，所以我經常心懷歉疚，也感謝大家對我的包容」，以此來鞏固、維繫自己的人際關係。

另外，發火時，應盡量心平氣和地表達自己的想法。或許你會覺得這句話很荒謬，生氣的時候，怎麼可能保持冷靜呢？實際上是有可能做到的，只要降低說話的

音量、放慢語速即可，這些都是我們可以控制的領域。就算情緒一湧而上，氣得忍不住大吼大叫，也可以在察覺自己的情緒後，慢慢地調整和緩解。

不管多麼生氣，都要避免犯下明顯越界的錯誤。即使是對方先做出挑釁行為，開啟了戰場，我們也很可能因為講錯一句話，就在無意中變成了加害人。以第三者的立場來看，其實無法分辨一開始誰對誰錯，只會就情緒激動、行為越界等客觀事實進行判斷，然後以個人的視角彙整後愈傳愈廣。

或許有人覺得「別人怎麼看我無所謂」，但情況果真如此嗎？與事實不符的言論在不特定的人之間流傳，你真的能完全無動於衷嗎？假如在傳聞之中漏掉了對方做錯的部分，或者你因此受到不利的影響，肯定會委屈得無處傾訴。

此外，即使表面上和好如初，但對方有可能因為你生氣時說出的某句話，就此耿耿於懷，關係再也回不到原本的狀態。假如你因對方的言行受到傷害，與其以牙還牙、以眼還眼，倒不如指出對方的行為哪裡冒犯到你。尤其面對自己珍惜或重視的對象，這麼做會比奮力反擊要來得實際。

面對珍視的對象，別做出後悔的舉動

俗話說「己所不欲，勿施於人」，這點我們都很清楚，但有時就是知道「對方不喜歡，所以才故意那樣說」。

不過，至少在面對自己珍視的對象時，千萬不要刻意刺激或挑釁。在發脾氣的瞬間，很可能覺得「我與你此生不復相見」，但那股衝動，並不是內心真正的想法。平時疼你、愛你的人，突然變得疏遠和陌生，這種情形真的是你樂見的嗎？

每天似乎都會有數十件讓我生氣的人和事，但事實上，不是某件事惹我生氣，而是我自己找地方發脾氣。或許有些人覺得這是聖人君子的觀點，但思維的流向正是如此。

有些人常說「如果對方把自己的事做好，我就不會生氣了」，但從另一個角度來看，對方也只是處在自己面臨的情境而已。就像你的態度沒有惡意一樣，對方也沒有不良企圖，不是一開始就想折磨你。因此，問題不在於對方的行為，而是你把對方的行為當作「問題」。假如對方讓你感到不舒服，還有很多其他方式可以傳達心中的不滿，不一定要大聲吼叫。

當然，多血質的性格很難在一朝一夕改變，但在怒火消退後，可以詢問身邊的人：「我當時應該如何表達比較好？」直接聽取意見，也是一種維繫人際關係的方法。

精神科醫師朴龍哲（박용철）在著作《情緒是一種習慣》（감정은 습관이다，暫譯）中也指出，如果經常發脾氣，就會反覆感受到壓力，導致身體持續保持在激動狀態。從身體的角度來看，因為不斷經歷危機情境，所以必須隨時備戰，以便更快地展開應對。

若想擺脫這種模式，就要讓生活盡量具有可預測性，才能穩定興奮的交感神經。例如我們可以把第二天要做的事計畫好，讓大腦有時間提前準備。此外，天氣晴朗時外出散步，聽平靜的音樂，或以溫水沐浴、在暖色的照明下發呆等，都有助於讓情緒放鬆。

只有敷衍才能戰勝多管閒事：不合理的建議

我也知道雪濃湯要怎麼吃才美味，但一定有人認為「啊，你不知道怎麼吃雪濃湯」，然後就急著把蘿蔔泡菜的醬汁倒進我的碗裡。這類型的人因為好管閒事，有時又被稱為「雞婆」。就算對方沒有請求協助，他們也會過於熱心地出手幫忙，而且當對方不照自己的方法進行時，還會不斷表達憤怒與遺憾，例如「我都是為了你才做到這種地步的」，讓對方感到相當不自在。好管閒事的人，經常把「我這麼做都是為你好」掛在嘴邊，不曉得自己的行為會讓對方窒息，甚至出現防禦性行為。

問題解決專家與好管閒事只有一線之隔

想為對方提建議的欲望，其實大多出於善良的意圖。因為看到對方做得很辛苦，似乎不曉得還有更快、更好的方法，所以內心急著告訴對方答案。不過，在伸出援手之前，有一點必須特別留意，就是對方「是否有請求協助」。這一線之隔，讓有些人獲得了「問題解決專家」的美譽，有些人則被嫌棄為「好管閒事」。

據紐約大學心理學教授尼亞爾．博爾格（Niall Bolger）的研究結果指出，如果不徵求對方的意見，就單方面給予建議，只會讓當事人產生負擔感，覺得自主性受到侵害，自尊感隨之降低；而提出建議的人，也會因為得不到好的反饋，內心倍感沮喪和遺憾。明明是為對方提供協助，最後卻導致兩人的關係惡化。就像這樣，我的好意與對方是否受到良好的影響，完全是不同層面的問題。因此，若真心想幫助對方，應該養成詢問對方意願的習慣，而不是直接說出自己的意見。

其實，最好的方法，是打從一開始就不要給予忠告、建議或批評。金荷娜（김하나）作家在著作《放鬆的技巧》（힘 빼기 기술，暫譯）裡，也提過類似的概念：

別給予忠告，就算嘴巴很癢，也別出言相勸。人生在世，總會有「我是為了他好，別的事就算了，這件事我一定要提……」的時候，但即便碰到這種狀況，也千萬別擅自提意見。

事實上，面對某一項問題，最煩惱的永遠是當事人，也只有本人才最理解情況，為此付出努力。站在旁觀者的立場，我們應該承認並予以尊重。不過，好管閒事的人，確信自己一眼就能看出答案，且個人的生活經驗足以找到最好的解決方法，所以迫不及待想告訴對方「人生的真理」。然而，這些其實都是以自我為中心所造成的錯覺。亦即，未能認知到自己與他人的差異，侷限於個人的框架中看世界。

好管閒事的人之所以受到嘲笑，是因為他們不懂得認同與尊重每個人的差異，總是想把自己的框架套在他人身上。從個人角度去評判他人的性向、穿衣風格或戀愛史，聽的人怎麼可能會開心呢？通常會得到「我自己看著辦」的直覺反應吧？

此外，好管閒事的人經常落井下石或放馬後炮，像是「我就知道會這樣，如果照我說的做，就不會有問題了」、「你看，照我說的做就可以了吧？」等。這樣的說話方式，會給人一種強調權威、意圖控制的感覺，因此，從聽者的立場來看，也無法確定對方的行為是不是真的為自己著想。

最終的選擇取決於我

那麼，面對好管閒事的人，應該怎麼做呢？一般想到的答案會是「我自己看著辦」，但這句話在使用時必須非常小心。試想一下，假如同事對我的業務指手畫腳，以平常的交情來看，他或許真的是為我著想。不過，站在我的立場，對方提的建議我不是沒想過或沒試過，因為最了解情況、最苦惱、付出最多的人，全都是我。

這種情況，如果嚴肅地表示「我自己看著辦」，對方會不會有些難堪？雖然這句話沒有錯，但站在對方的角度，免不了覺得尷尬。試著易地而處，假如你對疼愛的後輩提出建議，但對方卻一口回絕，表示「我自己看著辦」，你會作何感想呢？

尤其是上對下的關係，雖然無可奈何，但一開始最好以「稱讚」或「共鳴」來應對，像是「您的話真有道理」、「就是說啊」等。舉例而言，假如上司問「你的年紀是不是也該結婚了」，我們沒有必要試圖說服他，或是就這個主題爭得面紅耳赤，可以順口回答「對啊，我也想結婚，但沒遇到合適的對象」。另外，像是「你找到工作了嗎？」、「年薪那麼少要怎麼生活？」等提問，也可以回答「是啊，我也想趕快就業，但沒那麼順利」、「工作內容很有趣，但年薪差強人意，我也覺得很可惜」。

或許你會覺得這些話違背本心，但原本對話的內容就無關痛癢，所以不必過於在意。應對完之後，就沒必要繼續察言觀色或戰戰兢兢，按照自己的想法行事即可。

好管閒事的人，必須看到對方貫徹自己的意見才會感到滿足，如果對方沒有絲毫改變，他們就會不斷地追究原因。從好管閒事者的立場來看，肯定會覺得不開心，「明明說要參考我的意見，結果還是按照自己的心意行事」。不過，無論是誰在背後下指導棋，最終的選擇都還是取決於我，對方也一定知道這個事實。愛管閒事的人，只是沒辦法忍住指手畫腳的衝動而已，所以我們也只要適當地採納意見，最後再按照自己的意願做決定就好。

居中傳話，是最不可取的多管閒事

有一種多管閒事的情況，是偶然聽到某人的壞話，就毫不猶豫地跑去轉述給當事人聽。明明本人都沒有站出來表態，但旁觀者卻急著到處說長道短。

聽到某人的閒言閒語時，最明智的應對方式就是裝作不知情。舉例來說，如果得知某人將要離婚，或者在職場上有什麼不光彩的事，就算覺得自己應該做點什麼，也要盡可能地忍下來。很多時候，假裝不知情才是有益於當事人的行為。

如果特地跑去通知對方，像是「我路過的時候剛好聽到，怎麼辦」，只會讓對方更加傷心，覺得自己的醜事被人當作茶餘飯後的話題。因此，聽到也假裝沒聽到，有時才是真正的體貼與關懷。

當然，如果覺得自己和對方關係親近，在未被告知的情況下，多少有些不是滋味。不過，任何事都無法強求，不是每個人遇到困難都願意開誠布公。這種時候，最好默默等待對方開口。

亞洲文化講究「人情」，也就是彼此以溫暖的心意相待。然而，唯有話者和聽者都認同的「情」，才是得以維持良好關係的「情」。

用無禮來對抗無禮：公平世界謬誤

對方會因我的失誤而發火，但我卻不能在他犯錯時生氣。「今天中午吃『生』菜拌飯嗎？總比『死』菜拌飯好吧？哈哈哈」，他的一句玩笑話，逗得眾人哈哈大笑，應聲附和。只要他走近我的位子，我就要站起來鞠躬行禮，為他的每一句話忙碌奔走。

這就是所謂的權力。當處於優勢的「甲方」*，給予「乙方」不當的待遇時，我們就稱之為「霸凌」。

幾年前，韓國某位國會議員把自己的行李箱丟給隨行助理的畫面，在網路上成為了話題。國會議員在機場入境後，就以傲慢的步伐走向在外等待的助理，把個人的行李丟過去，完全沒用正眼瞧過對方；相反的，助理一路上畢恭畢敬，還用雙手接過行李。這樣的場面被捕捉到後，引發了職場霸凌的爭議，相關新聞登上網站後，還被大批網友製作成哏圖。

當記者們詢問議員為什麼做出這種行為時，他卻表示「我不過就順勢把行李交給助理，不懂這麼做哪裡有問題」。假如兩人是帶著笑容互相對視，就算做出一樣的動作，看起來也像是瀟灑型的主管在和下屬開玩笑。但這位國會議員，是連看都不看對方一眼，就把行李箱「啪」的一聲丟過去，有種無視對方人格的感覺，可惜本人卻無法理解。

身處的位置不同，看到的風景就不一樣

除了前述的案例之外，其實大部分人在成為掌權者後，對下屬的共感能力都會降低。因為相對來說，掌權者不必看下屬的臉色行事。有個實驗恰好能證明這一點。

＊指合約的主導方。

心理學家亞當・加林斯基（Adam Galinsky）將受試者分為兩組，第一組回想自己命令他人的經驗，想像自己身為掌權者的狀態；反之，第二組則回想自己接收命令的經驗，想像身上沒有任何權力。接著，研究團隊展示各種表情照片給受試者看，請他們猜一猜照片中的表情蘊含著何種情緒。實驗結果發現，自認為是掌權者的第一組，相對較難猜出照片中的情緒。

不僅如此，心理學家凱爾特納（Dacher Keltner）和羅賓遜（Robert J. Robinson）也發現，比起助教對教授的評價，教授在評價助教的態度時，較容易做出與事實不符的判斷。另外，心理學家詹金斯（James J. Jenkins）的研究亦指出，在兄弟姊妹當中，兄姊會比弟妹們更不擅長讀懂他人的情緒。換句話說，「身處的位置不同，看到的風景就不一樣」，在占據權力優勢時，對自己下屬的關心就會減少。

應對職場霸凌的四種姿態

那麼，如果在職場上遇到作威作福、待人無禮的「霸凌」時，該如何應對呢？雖然有各種不一樣的方法，但大致可以分為「表達」、「請求協助」、「忽略」和「放棄」四種。

韓國作家鄭文靜（정문정）在《用微笑應對無禮之人的方法》（무례한 사람에게 웃으며 대처하는 법，暫譯）一書中強調，「只有不輕易善罷甘休，我們才能迎來更好的世界」，並建議採用「嚴肅地告訴對方『你剛才說的話會有問題』」、「針對有問題的發言提出質疑，把情況客觀化」、「將不合理的用語或邏輯還給對方」、「敷衍地回話」等方式進行應對。**所謂「表達」，就是事先學習溝通的方法，提前做好準備，然後在適當的時機拿出來運用。**採取這個方式時，必須不傷到對方的自尊，同時表達出自己因對方的言行感到不悅，如此一來才能見到成效。這個方法的優點，在於能夠坦誠表達出個人情感，並確切提出自身的訴求。

不過，在表達時有一點需要注意，就是無論我們講得多清楚，對方也很可能會重複同樣的行為。因此，最好不要過於期待對方做出改變。

此外，「表達」其實需要極大的勇氣與才智，並沒有想像中容易。在前述的案例中，隨行助理對記者表示：「雖然畫面沒有拍到，但其實議員有和我對到眼，才把行李箱交給我。我們平時相處得很自在，出現這樣的報導實在令人遺憾。」但試想一下，如果他鼓起勇氣，坦承「議員用那樣的方式把行李箱丟給我，其實我的內心很難受」，還能保住自己的職位嗎？

第二，我們可以選擇更加積極的方法，也就是「請求協助」。假如在搭乘火車時，遇到讓你覺得不舒服的乘客，與其直接和對方吵架，不如向站務員請求協助，這樣才是更明智的做法。請求協助，就是將自己遭受的不當待遇如實記錄下來，透過「職場霸凌防治法」進行申訴。由於職場霸凌已成為嚴重的問題，為了導正扭曲的風氣，目前各機關都設有相關的防治及處理程序，我們可以善加利用。職場霸凌是一種犯罪行為，如果對方總是越界，我們就應尋求幫助，為自己築起安全的防火牆。

當然，實際執行時並沒有那麼簡單，因為日後在職場上仍會見面，若直接表明立場，後續的局面很難收拾。此外，在職場內可能會聽到「如果你把事情做好，就不會發生這種事了」、「又不是只有你遇到這種情況」等，務必提前做好心理準備。

旁人之所以會出現這種反應，原因就在於「相信世界是公平的」。加拿大心理學家梅爾文．勒納（Melvin Lerner）指出，大多數人認為即使是不公平的事件，相關各方也應承擔部分責任，否則的話，世界會變得過於混亂且難以預測。因此，當某人遭遇交通事故時，人們會覺得當事人一定也有疏失；聽到某個人被排擠，就會認為他可能做過令人厭惡的事。

心理學家莫萊特（Mallett）亦表示，對於弱勢群體所經歷的不合理情事，人們傾向於假設「經歷那樣的事，肯定是自找的」。例如職場上司發脾氣時，我們大多會認為「一定有什麼原因惹他們生氣」，但若是底層的員工不高興，我們很容易覺得對方「搞什麼啊，居然以下犯上」。

因此，大家不是不知道怎麼做，而是因為結果顯而易見，所以才決定睜一隻眼、閉一隻眼，也就是前述提到的**第三種態度——忽略**。該怎麼做，才能盡量不受傷害，順利地度過危機呢？最具代表性的方法，就是在心中告訴自己「那只是對方的想法」，亦即把對方的話和自我切割開來。如果全盤接受對方的暴力言語，當上司指責「你真是個垃圾」時，我們就會忍不住淚流滿面，覺得「是啊，我好像就是垃圾沒錯」。但是，如果我們默念「這只是你的想法」，就可以把對方的辱罵拋得遠遠的，像耳邊風一樣予以忽略。換句話說，我們必須練習不要被尖石般的惡言惡行給絆倒。

《在睡前一讀就能消除壞心情的26個法則》（寝る前に読むだけてイヤな気持ちか消える心の法則26，暫譯）的作者中村將，也曾在著作中介紹到「拾棒法則」。亦即把橫行霸道的職場上司，想像成在遊樂場撿到棍子、胡亂揮舞嬉鬧的五歲男孩，然後像大人一樣笑著看待孩子的舉動。雖然不容易，但「忽略」的核心就在於「無論對方如何待我，我都不會忘記自己具有珍貴的價值」。也就是當對方罵我笨蛋時，我可以清楚地意識到自己不是笨蛋。

最後一種方法是「放棄」。若遍體鱗傷、身心俱疲，再也無法支撐下去，覺得自己瀕臨極限時，最後的手段就是「離職」。這種做法，可以完全除去造成壓力的原因，從某些角度來看亦是不錯的選擇。我們不必試圖戰勝所有逆境，也不用強迫自己險中求生。若每天以淚洗面，覺得隨時有可能陣亡，還盲目地燃燒自我堅持下去，這種做法才是真正的愚蠢。曾經有位歌迷向韓國歌手IU提問：「覺得筋疲力盡時，應該怎麼克服呢？」

IU回答道：「就乾脆認輸。」

沒錯，認輸也無妨。如果走在路上，突然有一輛坦克向我駛來，當然要選擇避開，不是嗎？面對這種情況，我們沒必要絞盡腦汁地與其對抗。

打算辭職時，通常會害怕自己能不能再找到條件差不多的工作。其實，在如今的時代，就算累積了豐富的資歷，轉職時也依然會感到焦慮。因此，在選擇離職時，我們應該考慮到這一點，提前做好心理準備，有可能下一份工作的薪水會比較低，或者業務內容會比現在還辛苦。不過，面對這種情況也不必過於絕望，因為在全力尋找更好的工作環境時，反而能在心理上保持適當的餘裕，最後也很可能有機會以更優渥的條件跳槽到新公司。

職場的人際壓力無可避免

在嘗試上述的方法前，有一點需要特別留意：上班本來就不是為了交朋友。俗話說每個上班族心裡都有一封辭職信，每當樂透號碼揭曉時，新聞底下都會有許多網友留言：「哈，看來辭職信得下週再交出去了！」

職場是我們提供勞力換取薪資的地方，假如公司只提供快樂和享受，那我們不僅不該領薪水，還應該反過來付錢給公司。能在職場上遇到志同道合的朋友，真的是件非常幸運的事；反之，如果公司同事與我合不來，那也是理所當然的情況，因為這段關係本來就不是由我主動建立。

若不想在轉職後，仍然因同樣的理由陷入痛苦，就必須先認清這一點。假如因人際關係而無法繼續在公司就職，就必須獨立創辦個人的事業，而且還不能與客戶往來——換句話說，來自職場的人際關係壓力，是避無可避的問題。不過，如果能根據各種情況，巧妙運用前述的四種方法，至少可以保護自己免於受害。

應對虛張聲勢，最好的方法就是無視：與有榮焉效應

韓國電影《與犯罪的戰爭：壞傢伙的全盛時代》中，主角崔翼賢被警察逮捕時，對粗魯無禮的刑警說道：

「你這傢伙！我昨天才跟你們署長一起吃飯，還一起去洗桑拿！」

雖然是電影裡的場面，但類似的情景，在人生中至少會見過一次。喜歡炫耀的人隨處可見，某大企業的孫女因為慣性吸毒而遭警方拘留，登上新聞版面的她卻大剌剌地表示：「我叔叔和爸爸是警察廳廳長的好朋友」、「他們現在正和警界的高層見面」，在社會上引起軒然大波。

環顧周圍，有些人初次見面就會問故鄉在哪裡、母校是哪一間，想盡辦法尋找彼此之間的連接紐帶，以此來建立人際關係。例如：

「你是〇〇大學畢業的嗎？那你知道△△教授嗎？」

「嗯？我不認識。」

「啊，我和那位教授……」（你認不認識不重要，重點是我和那位教授交情非常好。）

藉由他人滿足自身的缺憾

炫耀自己與名人交情深厚，通常是因為自己目前的真實面貌，達不到理想中的水準。因此，他們會想透過攀親帶故的方式，把自己提升到相似的水平，藉以彌補眼前的不足。

電視劇《山茶花開時》裡的盧圭泰就是這樣的角色，他在家中從未獲得認可，因此只要聽到「我很尊敬盧老闆呢」，就會忍不住被迷惑，甚至答應借錢。此外，為了讓自己看起來更威風，他執著於郡守之位，積極參加各種活動，到處與人攀關係，假裝親密地合照。按照角色介紹欄的形容，就是「裝作血統高貴的珍島犬*，但實際上只是條黃狗」。

我們有時也會做出類似的行為，像是指著電視裡的藝人，興高采烈地表示「他和我念同一所高中」、「以前我曾經和他在路上打過招呼」等。這種心理，正是所謂的「與有榮焉效應」。亦即，四處宣傳自己和成功人士、掌權者或魅力十足之人有所關聯，讓自己的形象隨之提升。

「看起來威風」，就會有很多朋友嗎？

最近除了人脈之外，還出現在社群媒體上炫富的風氣，韓國人稱之為「FLEX」。

在影音平台上，有很多網紅會大量購買名牌商品，然後逐一拍攝「開箱」影片，通常點擊量與回文數都相當可觀。這種炫富的風氣，導致不少人把打工多月的薪水全花在購買名品上，甚至還有人在百貨公司偷走名牌羽絨大衣，最後被警方逮捕。據

* 代表韓國的世界名犬。

說當事人穿著偷來的衣服，拍下認證照後上傳到社群媒體，結果被警方發現，連在接受調查時也不肯脫掉。

不過，對於炫富文化，心理學家加西亞（Garcia）主張，炫耀其實並不會獲得他人的好感。讓我們一起看看下列的提問：

・如果你有一輛高級進口車和一輛國產車，在有可能結識許多新朋友的場合，你會選擇開哪輛車出門？

這時，大部分人都會選擇進口車，因為「看起來威風」、「能給人留下好印象」等。接著，研究團隊轉換立場，把問題改成這樣：

・如果某個人駕駛高級進口車，全身上下都是名牌，你會不會想和他親近？

對此，大部分的人都回答「不想」，理由是「車和物品不是重點」、「好像不是跟我合得來的人」。

美國密西根大學的社會心理學家丹尼爾・克魯格（Daniel Kruger）教授和水牛城

大學的潔西卡・克魯格（Jessica Kruger）教授進行的研究，也出現同樣的結果。研究指出，人們看到刻意炫耀財富或名譽的人，反而會覺得不太可靠。

別傷害「膨風之人」的自尊心

喜歡炫耀人脈和財力的人，很可能像先前提到的《山茶花開時》裡的盧圭泰一樣，經常受到身邊之人的攻擊或指責，實際上已經是頹喪消沉的狀態。因此，我們沒必要也一起加入攻擊的行列。例如「那麼位高權重的人，也會和你親近嗎？」、「真的那麼要好的話，現在怎麼不聯絡看看？」、「平時老是掛在嘴上炫耀，真正需要時，卻完全派不上用場」，我們不必用這些話去傷害對方的自尊心。

如果看到偷加鞋墊的人，我們沒必要刻意揭露或嘲笑鞋子裡的祕密，只要想著「啊，這就是他」，對彼此的精神健康都有好處。碰到喜歡炫耀的人，最好的應對方式就是「哇，周圍有很多不錯的人脈呢」、「真了不起」；假如討厭這種說法，也可以不給予特別的反應，只要默默地聽，適時地回應「啊，是哦」就好。叔本華

（Schopenhauer）在《附錄和補遺》（*Parerga und Paralipomena*）一書中，亦寫到類似的觀點：

自我吹噓其實等於一種自卑感的告白。炫耀知識、金錢或地位，等於揭露自己在該方面有所不足。這種虛張聲勢無法維持長久，終有一天面具會被揭穿。真正富足的人，不會彰顯在外表上，而是一貫地平淡如水。

唯有竭盡全力，才有立場表達不滿：情緒感染法則

在動畫片《藍色小精靈》（*Les Schtroumpfs*）中，有一個名叫「小討厭」的角色，他總是皺著眉頭、雙手交叉在胸前，看到什麼都會大喊「我不要，我討厭那個」。雖然是漫畫中的角色，但令人驚訝的是，在日常生活中我們也經常碰到類似的人，而且很可能就近在咫尺。

從十歲抱怨到一百歲

小討厭的學生版本如下：

「連周邊的居民都沒聽過我們學校，我都不好意思跟其他人說我念這間。」

「當然，我也承認，是因為我以前不用功，所以才進到這間學校。但現在不一樣了，我好不容易振奮起來，打算認真念書，但這是什麼環境啊？班上

的同學都很笨，老是破壞課堂氣氛，而且老師們也不怎麼樣，都不好好上課。哈……真的很煩，覺得鬱悶。」

「這次考試我只考了倒數第二名，但沒辦法啊，每個人都在妨礙我。」

「沒有人理解我，也沒有人認同我的想法。真的鬱悶到不行，什麼事都做不了，看什麼都不順眼。」

接著，小討厭逐漸長大成人，在進入職場後，則會變成這種版本：

「這種名不見經傳的公司，我都不好意思把我的名片遞出去。」

「當然，公司都會按時發薪水，但我想學更多的東西、有更明顯的進步。這間公司根本沒什麼好學的，沒有一個像樣的員工，公司的制度也亂七八糟。」

「雖然我在績效評估中差點最後一名，但也沒辦法啊，誰叫主管總是派給我一些瑣碎的工作，做久了就會失去鬥志。」

「沒有人理解我的想法，也沒有人認同我。煩悶到什麼事都不想做，看什麼都不順眼。」

看出來了嗎？只是內容稍微不同，但抱怨的模式幾乎一模一樣。若傾聽的一方幫忙想辦法，提出各式各樣的建議，小討厭就會以「可是～」、「不過～」等理由持續反駁，讓問題又回到原點，而對方也跟著陷入煩惱的泥淖。

「小討厭」會讓所有人都變得痛苦

當然，抱怨是每個人都會做的行為，而且也具有一定的價值。例如抱怨可以抒發情緒，與同事們形成共鳴，或者和直接指出問題相比，發牢騷的形式更能有效保護人身安全。此外，抱怨其實也能促進發展，如果所有人都滿足於現狀，就不可能迎向更好的未來。只有當人們感受到不便與不滿，才會為了滿足而追求改善，不是嗎？

然而，哥倫比亞大學的傑弗瑞．洛爾（Jeffry Lohr）教授指出：「習慣生氣地發洩不滿，就像在密閉的電梯裡放屁，雖然當下很爽快，但周圍的人會覺得難受，最後連自己也感到痛苦。」

「不是啊，我連厭惡的情緒都不能表達嗎？這裡不是民主國家嗎？我有權表達自己的不滿，民主主義萬歲！」一定有人會提出類似的主張。沒錯，厭惡的情緒當然可以表達出來，但我們必須知道，只要說出「討厭」這兩個字，就會有人因此受到傷害或衝擊。自己脫口而出的負面言論，更會讓所屬的團體受到影響。

英國的研究機構皇家學會（Royal Society），在美國麻薩諸塞州的某個村莊進行觀察，證實憂鬱症、憤怒調節障礙和孤獨等，在五千二百位居民中的傳播速度，比快樂的情緒還要來得更快。換句話說，當有人抱怨時，負面情緒的傳染速度，遠比你想像的還要迅速。

「小討厭」最大的問題，就是無法把抱怨轉換成改變現狀的力量，只停留在嘴上的碎念。就算給他們機會發表意見，也只會說「我不知道，由你來提供對策吧！不要浪費時間，這件事就交給你負責」。即使收集了意見，盡力提出合適的解決方案，依然很難讓「小討厭」滿意，他們過不久又會開始發牢騷。

抱怨也必須有立場

假如自己屬於「小討厭」類型，就必須認知到「抱怨也講求立場與資格」。所謂的「資格」，就是先盡自己最大的努力，獲得他人的認可，如此一來，抱怨的內容才有可能被認同。如果什麼都不做，就不斷強調「我已經盡力了」，那麼在他人的眼裡，一切都只是藉口而已。

舉例來說，如果不小心考進了分數較低的學校，與其抱怨「我本來不應該來這裡的，是考試當天突然失常，這間學校真的很差」，還不如趁早打聽如何轉去其他更好的學校，或者下定決心在原本的學校考到第一名。換句話說，應該讓周邊的人主動認可：「他本來不應該進我們學校，只是當初沒考好而已，現在在校內獨占第一名和獎學金。」

此外，如果無法停止抱怨，與其隨便抓一個人訴苦，不如找真正喜愛並珍惜自己的人表達想法。不過，有一點需要格外留意，每次都找同一個人抱怨類似的事，對方也很可能感到倦怠。因此，平時最好建立三人以上的安全網。

面對同樣的情況，有些人還是能表現出積極的態度，向這樣的人諮詢，也不失為一個好方法。以前在偶像選秀節目中，有位歌唱實力出色的練習生，被分配到舞蹈的部分。當時，那位練習生哭著表示：「我覺得自己像在戰爭中失去了武器。」不過，碰到類似情況的另一位練習生，則展現出積極的一面：「偶像對各領域都要有所涉獵，我必須更加努力。」明明是相同的處境，兩人的反應卻截然不同。最後，節目的投票結果顯示，兩位練習生在大眾好感度上出現極大的差異。

精神健康醫學專家克里斯多夫．安德烈（Christophe Andre）在《幸福心理學》（*Vivre Heureux : Psychologie Du Bonheur*，暫譯）中，提到紓解抱怨的方式：別把遇到的困難視為突如其來的「不公平」，應該把它看作「需要解決的問題」。亦即，我們要懂得改變觀點，將自己視為「生活的主角」，而非「事件的受害人」。暫時停止習慣性的不滿與抱怨，去尋找力所能及的部分。

別用真心去給予「小討厭」共鳴

所有對話的基礎都是「共感」，不過，和習慣性抱怨的人交談，就必須特別地小心。當對方無止境地發牢騷時，如果以「對啊，我也～」來回應，開始吐露自己的困境，很容易被一起歸類為「小討厭」。面對他人的抱怨，我們只要以「你一定很難受吧」來回應即可。除非對方徵求意見，否則我們沒必要主動提出真誠的建議，因為抱怨者根本沒有心思聽，或者只是裝出認真傾聽的模樣，最後又回到自己原本的作風。因此，我們沒必要為這樣的人難過，如果有其他人問起，也只要回答「他好像很辛苦」就好。

此外，愛抱怨的「小討厭」經常被人拒之門外，所以只要你願意聽他說話，他就會不斷地找上門。長此以往，你也會漸漸感到倦怠。因此，與習慣性抱怨的人對話時，別刻意花心思假裝共鳴，不必在這種事情上消耗自身的精力。不妨以「我去一趟洗手間」為藉口，順勢替對方的抱怨畫上句點，或者用「我們聊點別的吧」，輕鬆轉換話題。

不必讓每個人都喜歡我：自利偏誤

討厭我的人和我討厭的人，如果一定要在兩者之中擇一，你會選擇誰呢？對此，每個人的答案都不一樣，但可以確定的是，無論哪一種情況，內心都會感到不舒服。在日常生活中，難免會碰到類似的兩難情境，而我們所能做的，就是事先學習如何機智地應對。

面對討厭我的人，更要表現得理直氣壯

一想到對方不喜歡我，就很有可能無緣無故地畏縮。首先，我們要記住一件事，當對方愈討厭我，我就愈具有影響力。因為光是我的存在，就會讓對方十分難受。因此，如果想讓討厭我的人感受到同樣的痛苦，最好的方法就是表現得更為自在。

那麼，如果有人討厭我，具體該怎麼做比較好呢？**第一，計算一下討厭我的人和喜歡我的人各有多少**，只要想想那個數字，就會覺得討厭我的人根本微不足道。

第二，認清事實，接受自己不可能被所有人喜愛。無論是多麼受歡迎的明星，也一定會有所謂的「黑粉」。當然，如果被某個人討厭，內心難免感到苦澀和難受，但只要是人，都必須帶著這樣的創傷生活。

第三，如果對方在我面前態度親切，那麼就睜一隻眼、閉一隻眼吧！亦即，對方雖然在背後說我壞話，但真正見面時又假裝自己沒做過，還表現得相當熱情。這個部分，我們會在後面進一步探討。

第四，若對方在我面前露出嫌棄的表情，可以用驚訝的語氣反問：「我讓你不高興了嗎？我有做錯什麼嗎？」尤其是用天真無邪、「我什麼都不知道」的態度，傳達出「我沒有惡意，但感覺出你因為我而不舒服」的訊息。如果帶著「我也因為你而不開心」的態度，戰爭就會立刻揭開序幕。若本來就想和對方爭吵，那麼表達出實際情緒也無所謂；如果想圓滿地解決問題，就沒有必要刻意樹敵。

第五，放棄不切實際的期待。別覺得討厭我的人，總有一天也會喜歡我，討厭、喜歡、冷淡、溫暖……要用什麼樣的情感來對待我，取決於情感主人的選擇，並非我所能干涉。

第六，行為舉止不要受影響，如同對方在我心裡一點也不重要。假如因對方的言行而感到生氣或受傷，就等於是讓對方如願，他或許還會在心裡竊喜，覺得自己成功讓我感到不自在。因此，見面時最好還是像往常一樣打招呼，就算對方故意挑釁我，也要表現得蠻不在乎。

第七，和珍惜我的人一起享受時光。我們因人而受傷，也因人而治癒。討厭我的人不可能為我治癒創傷，所以，請和尊重自己的人一起散步、一起品嚐美食，度過美好的時光吧！

第八，以直報怨。這裡的「直」，指的是糾正錯誤。孔子和弟子之間，曾有過這樣一段對話。某天，有人請教孔子：「以德報怨，何如？」孔子回答：「何以報德？」見弟子答不出來，孔子接著說道：

「以直報怨，以德報德。」亦即，不如用正直之道對待仇人，除非別人用恩惠待我，我才同樣用恩惠回報他。

不過，若對方不僅止於發洩負面情緒，還出現折磨人的行為，就必須按照法定程序加以申訴或舉發。

對方不值得我花心力去討厭

相反的，如果我有討厭的人，該怎麼做比較好呢？

最簡單的方法，就是在背後說閒話。前文曾經提過，說閒話其實有助於減輕壓力。不過，訴苦的對象一定要與當事人毫不相干，否則暗地裡的抱怨或辱罵，如果傳到當事人耳裡，很可能引發嚴重的戰爭。此外，如果被認定是「喜歡背後說三道四的人」，自己的形象反而會大受打擊，務必非常小心。

第二，在產生「厭惡」情感的瞬間，就應該意識到是自己的問題。我們經常認為是「對方做了什麼，所以我很難不討厭他」，把問題歸咎在對方身上。不過，以對方的立場來看，他只是按照本人的心意行動，做出自認為正確的行為。因此，雖然我討厭對方的行為模式，但有些人卻對其讚賞不已。我們必須承認，厭惡的情感，其實是由我自己所選擇。

第三，分析看看自己討厭對方的理由。我討厭對方的哪個部分，以及那個部分為什麼會成為問題。有些人可能會說：「就像喜歡也不一定有理由，討厭當然也不需要原因。我就是沒來由地討厭他。」如果是這種情形，只會讓自己感到痛苦。我們要學會觀察自己討厭對方的哪一點，並以此作為理解自我的方式。

第四，有話直說。如果我因對方而受到影響，就必須把問題點指出來。不過，溝通時需要特別注意，務必只針對「特定行為」提出要求。

第五，盡量別碰面也是一種方法。沒必要刻意與討厭的人見面，徒增心理壓力，能避開就盡可能避開。

第六，想想這個人是否值得我消耗情緒。其實，討厭某個人，就像心裡一直背著包袱。如果包袱過重，就應該把不必要的行李取出來。冷靜思考看看，那個人，真的值得我在心裡念念不忘嗎？

第七，討厭一個人是自由，但不該以此來分「派系」。換句話說，我們沒必要敲鑼打鼓地告訴周圍的人自己討厭誰，然後強迫大家選邊站。不能聽到他人在我面前假意附和，就沾沾自喜地覺得「看吧，不是只有我這樣覺得，明明就是那個人做錯了，是他有問題」。尤其我們不能直接去找當事人，指責對方「就是你的錯，不是只有我這麼覺得，〇〇也覺得你不該那麼做，△△也認同問題出在你身上」。無論以何種方式形成派系，用類似的手段攻擊對方，就屬於集體霸凌。所有的情感都一樣，尤其是「厭惡」這種情感，更不應該把他人捲進來。

第八，認知到每個人都有「自利偏誤」。簡單來說，自利偏誤就是對自己有利的思考方式。在我們的腦海裡，會不知不覺地記住、誇大對自己有利的訊息，並刪除不利的部分。這種自利偏誤，可能會導致我們更加討厭原本就不喜歡的人。或許我們會覺得對方「專挑討人厭的事情做」，但實際上，或許是我們「專挑自己厭惡的點在看」。

同樣一個「我」，喜歡的人看好我，討厭的人貶低我。與世界存在的人口數一樣，這個社會充滿著各式各樣的想法，我們不可能滿足每一個人。任何的情緒或想法，都只屬於個人，不是我能隨意控制或干涉的領域。我們唯一能做的，就是面對討厭的人盡可能從容自在，面對喜歡我的人，則以誠心誠意相待，努力活出更好的自己。

容忍程度，取決於雙方的交情：共感的極限

人生在世，都會有這樣的經驗：某人誤解了我的想法和意圖，或者因為我不經意的行為而受傷，且類似的情境可能層出不窮。

這種時候，該怎麼辦呢？

首先，有些行為一定要避免，例如反過來指責情緒受傷的對方，彷彿問題全出在對方身上，像是「竟然因為這種事情不高興，你比我想像的還要敏感耶！該不會是玻璃心吧？」等。當然，這些反應，很可能是因為自己當下感到驚慌和尷尬，但從聽者的角度來看，心情只會更加沮喪，溝通更不可能順利。

那麼，面對他人失望或受傷的情緒，我們應該怎麼處理呢？

不管有什麼苦衷，踩到他人的腳就要道歉

對方因我而感到失望或難過，意味著無論是出於善意或惡意，我的特定行為已經侵犯到他的領域。就像踩到別人的腳時，就算不是故意的也必須道歉一樣，假如我的某種行為傷害到對方，即使不是有意的，也應該向對方道歉。

或許有些人會感到不解：「我不是故意的，為什麼要道歉？其他人都沒反應，難道不是他自己的解讀有問題嗎？」對此，我們要記住一點，不管自己的本意為何，總之都踩到了對方的腳。

假如對方表達了難過與失望，但你卻反覆地予以忽略，在極端的情況下，對方有可能默默選擇疏遠你。在傳達個人的負面情緒前，對方肯定也經過謹慎的評估，像是兩人平時的交情、性格、心情低落的程度、情況的妥當性、今後的關係……等，在綜合考量之後才把話說出口。亦即，對方雖然看似輕鬆，但這條路絕對不容易走。

當然，對方表現出失望的情緒時，我們一定會感到驚訝和慌張，就像是一首演奏

順利的曲子，突然在中間停了下來。我不覺得有任何問題，但對方卻因我而不舒服，這種情況讓人陷入困惑。不過，只要仔細聽對方解釋，就算無法馬上理解，日後也會發現他們的情緒都是有原因的。

我也曾有過類似的經驗。二十幾歲時，我向初次見面的朋友妹妹打招呼，當時的我這麼說：「哇，妹妹好漂亮哦，比姊姊還美！」結果，那天晚上就收到朋友傳給我的長文。訊息以「因為你沒有姊妹，或許不太了解」作為開頭，接著寫到「就連我們的父母，也不會評價我們兩人誰長得比較漂亮」，最後要求「希望你以後別再講這種話」。我只是想向朋友的妹妹表示歡迎，但沒想到用錯方法，無意中對朋友造成了傷害。因此，我馬上向她表達歉意。其實，當時的我並不能完全理解朋友的感受，也曾想過「姊妹之間聽到這種話，真的會心情不好嗎」、「我不是故意要讓朋友尷尬才那麼說的」。

不過，從那次事件之後，我就領悟到「比較型的稱讚」有可能讓人不舒服，而且最保險的方法，就是別對他人的外貌做出評價。假如不是朋友鼓起勇氣告訴我，我可能又會在無意間說出傷人的話。從這層意義上來看，接收到他人失望或難過的情緒，反而是一個好機會，讓我們能將自己磨練得更加圓融。

缺乏共鳴的道歉，只會讓自己陷入糾結

前面提到的例子，因為很明顯是我的過失，所以我選擇立刻向對方道歉。此外，朋友的要求也在我能力所及的範圍內，充分表達歉意後，便能順利地展開溝通。

但問題是，在日常生活裡，有時我們不管怎麼想，都覺得不必向對方道歉。然而，表達失望的情緒，意味著把自己真實的情感傳達給對方，這時若只用「哦，是嗎」、「嗯，我知道了」來回應，會讓對方有種被敷衍或忽略的感覺。實際上，這種反應也隱含著「雖然知道你心情不好，但我不覺得一定要向你道歉」的想法。

沒關係，如果真的不想道歉，也不必強迫自己低頭，這代表我們即使站在對方的立場，也難以產生共鳴。當我們踩到他人的腳時，之所以會馬上表示「啊，對不起」，是因為對他人的痛苦產生了同理心。如果只是覺得當時的氛圍好像應該認

錯，在缺乏共鳴的狀態下道歉，事後反而會陷入困惑與糾結，忍不住想：「我到底做錯了什麼？為什麼要道歉呢？」

不斷提問，直到理解對方的立場

若希望維持良好的關係，就必須向對方道歉，但內心又實在找不到共鳴，難以向對方低頭。這種時候，究竟該怎麼做呢？

建議不斷向對方提問，直到產生共鳴為止。不了解對方的心意，是很自然的一種現象。不過，在提問時，切記要用「我希望更了解你的想法」作為對話的起始，不能用批判和攻擊的語氣切入，例如「你為什麼這樣想」。接著，用溫柔的態度向對方確認：「你的意思是這樣嗎？我理解的對嗎？」然後再帶出自己的觀點。

另外，在解釋個人的立場之前，最好先聽對方說完失望的原因（若實在聽不下去，可以擺出嚴肅的表情，然後在腦海裡想像開心的事，嘗試調整自己的心態）。

接著，先以「原來你是這樣想的」，對他人的情感給予共鳴，再以「不過，我的想法是～」來表達立場，或者闡述自己真實的感受，如「沒想到我的行為讓你覺得不舒服，我也嚇了一跳」。

表達失望時，也有該遵守的禮儀

相反的，如果是我打算向對方表達失望或難過，這時可以怎麼做呢？首先，一定要避免在公開場合提及，否則，原本可以透過溝通解決的事，會因為對方的自尊心受傷，反倒變得一發不可收拾。「失望」的情緒應該一對一傳達，如果號召好幾個人一同向當事人表達難過與不滿，那麼和集體霸凌幾乎沒有兩樣。

此外，脫口而出的話語，不能讓對方有遭受攻擊的感覺。當然，正所謂知易行難。「為什麼只有我心情不好？憑什麼我還得顧及他的感受？」當情緒不斷高漲，超過了失望的極限，就會變成難以壓抑的「憤怒」，產生任意發洩的衝動。不過，人們若感受到攻擊，立刻就會採取防禦姿態，就算我一口氣把自己的不滿吐完，對話也不會朝預期的方向展開。除非一開始的目的就不在於溝通，否則這樣的行為，只會停留在攻擊而已。

表達失望的情緒時，不妨在開頭就先點破「我希望日後也能好好相處」，然後再提及對方做出的具體行為，以及自己因此受到的影響。接著，可以表明自己內心的感受，再有條不紊地提出請求，像是「希望你以後可以多加注意」、「希望你能幫忙～」。

當然，實踐起來真的很不容易。有些人也會質疑「這麼說，對方就聽得懂嗎？」，但如果不這麼做，對方也會和我一樣受到創傷，不斷在內心累積失望。戴爾・卡內基（Dale Carnegie）在《卡內基說話之道：如何贏取友誼與影響他人》（*How to Win Friends & Influence People*）的第一章亦強調：別批評他人，因為沒有人認為自己的行為有錯。但身為一般人的我們，怎麼可能做得到？

既然沒辦法忍住，那麼至少在表達時，調整一下自己的說話方式，別讓失望感一點一滴地累積，擴大成破壞關係的元兇。

Chapter

5

擺脫執著，迎向自在的心理學法則

大腦對他人不友善：控制的錯覺

法國存在主義作家沙特（Sartre）留下了一句名言：「他人即地獄。」因同名電視劇而廣為人知的這句話，真實地揭露對待性格與思考方式不同的他人，是多麼困難的一件事。我們為何會讓他人如此煎熬呢？其中一個原因，就來自於大腦的特性。

第一，我們的大腦是吝嗇鬼

史古基是一八四三年查爾斯・狄更斯（Charles Dickens）小說《小氣財神》（*A Christmas Carol*）的主角。在故事中，史古基是一位非常吝嗇的富翁，冬天還會想方設法地省下煤炭，所以連乞丐都不奢望獲得他的同情。

其實，我們每個人都有史古基吝嗇的一面。或許你會覺得難以置信：「怎麼可能？我一點都不小氣啊！」那麼，就讓我們一起看看下面這個關於人類大腦的故事。

人類雖然有足夠的思考能力，但除非必要，否則經常能偷懶就盡量偷懶。心理學家蘇珊・菲斯克（Susan T. Fiske）和雪萊・泰勒（Shelley E. Taylor），將這種現象命名為「認知吝嗇」（Cognitive Miser），而大腦的這項特性，可以說是導致人際關係悲劇的代表性因素。

所謂的「認知吝嗇」，指的是我們傾向只投入必要的精力，不想進行更複雜的思考，因為大腦需要同時處理非常多訊息。如果不刻意集中注意力，大腦就會認為該部分不重要，然後簡單快速地跳過。

舉例來說，假設有人問「○○經常生氣嗎」，我們通常會記起對方生氣的幾個場面，然後就回答「嗯，他好像很常發脾氣」。實際上，對方並沒有每天生氣，而且發脾氣都是有原因的，但因為認知吝嗇的關係，所以我們會放大對方某幾次發火的情景。接著，這種錯覺會直接影響到對方的形象及周圍人的評價。被貼上「脾氣差」標籤的當事人，可能會覺得大家「沒有釐清事情原委」，對此倍感委屈。不過，這種現象來自於大腦認知吝嗇的特性，生活中實難避免。

形象一旦固定，就很難再扭轉。就像明明一樣都挑食，但我們會對肥胖的人說「你就是挑食才變胖」，對瘦弱的人卻說「你就是挑食才那麼瘦」，陷入矛盾的邏輯之中。

有一項實驗，恰好和上述的理論相關。心理學家皮薩羅（Pizarro）向受試者講述一段故事，內容是某人吃完飯後沒結帳，就直接離開了餐廳。接著，他將受試者分為三組，向第一組表示這個人本來就有詐欺前科，再對第二組解釋這個人本來正直又善良，應該只是忘記付錢。而剩下的第三組，他則沒有做出任何附加說明。

一週後，研究團隊又重新把受試者們找來，請他們談談對先前吃霸王餐之人的印象。這時，認定當事人有詐欺前科的第一組，覺得他沒付的餐費很可能比實際算出來的要多。換言之，人們只要聽過某人的評價，思考時就會傾向符合既有的形象。

心理學家科恩（Cohen）做的實驗，也出現了類似的結果。研究團隊給受試者看了一段影片，內容是一名女性在生日當天和丈夫一起享用晚餐。接著，研究團隊將受試者分組，針對女性的職業分別做了不同的描述。

第一組接收到的訊息，是該女性為圖書管理員，而第二組聽到的職業則是女服務生。雖然兩組看到的影片一模一樣，但第一組受試者更清楚地記得女性戴著眼鏡，背景播放古典樂；反之，第二組受試者則更記得她喝了啤酒，家裡擺放著電視機。

這項實驗，同樣可以看出人們會更記得符合既有形象的特質，使對方的評價更為穩固。當然，我們從日常經驗中也可以發現這一點，所以在與人見面時，總是特別留意自身的言行，最終因人際問題而疲憊不已。

第二，誤以為他人了解我的心

或許聽了會感到失望，但人們其實沒有想像中的關心我。「不說也能懂」這句廣告詞在韓國曾經非常有名，但實際上這是不可能的，只要不說出口，對方就不會明白。因此，在與他人溝通時，最好收起「心有靈犀」的想法或渴望。

我們其實並不擅長向他人傳達有關自己的訊息，很多人會強調「我已經講得很清楚了，對方也說他有聽懂」，但事實並非如此。同樣的，「我不會說謊，表情什麼都藏不住」之類的說法，也很可能與事實不符，因為他人或許會將你沉思的表情誤解為生氣。許多人都認為「他人能夠察覺我真實的感受」，但這種想法顯然是種錯覺。

這種錯覺，又被稱為「透明度錯覺」（Illusion of Transparency），也就是誤以為對方知曉我的情感和想法。我們一定都碰過有人說話時語意模糊，最後卻用充滿自信的語氣反問：「你知道我是什麼意思吧？」這種情況，就是期盼對方能夠看穿我的心意，即便我做出的行為和心裡想的完全不同。例如表面上鬧彆扭，卻又暗自期待對方理解我的真心，就屬於透明度錯覺。

曼尼托巴大學的傑基·布洛爾（Jackie Bloor）和史蒂芬妮·丹妮爾·克勞德（Stephanie Danielle Claude），曾進行過相關的心理實驗。研究團隊將受試者們分為兩人一組，並提供下列的問題情境，請他們一起尋找解決方案。

你的手足帶著論及婚嫁的對象回來，但你不滿意那個對象。他不僅看起來愛說謊，而且好像還暗地裡劈腿。眼看自己的親人為他深深著迷，這種情況該怎麼辦呢？

接著，研究團隊讓受試者在討論解決方案前，先從下列的五個目標中擇一。

1：無條件堅持己見。

2：在最終決定時讓步，以求對方滿意。

3：與對方互相讓步，進行妥協。

4：不考慮雙方的關係，只專注於尋找解決方案。

5：只做出符合對方心意的言行。

透過這種方式，在討論結束後，請受試者猜猜看彼此的目標。實驗結果發現，只有百分之二十六的人，準確地猜出對方的意圖；反之，請受試者預測對方能否猜對自己的意圖時，有百分之六十的人深信「對方已察覺到我藏在話裡的含意」。「講到這裡應該聽懂了吧」與「不明說我怎麼知道」的立場差異，就是透明度錯覺最好的佐證。

在日常生活裡，我們有時也確信自己掌握了對話流向，並且以同理心處處為對方著想，但實際上對方完全沒有感受到這份善意。於是，人際關係便開始出現誤會與矛盾。

第三，相信自己能夠操控他人

有位母親十分苦惱，她希望和女兒好好相處，但現實卻無法如願。媽媽渴望透過對話來解除誤會，消弭心中的隔閡，但女兒始終抱著強烈的敵意。她試著以溫柔的語氣展開溝通，或者多給女兒一些零用錢，把能試的方法都試了一遍，但女兒卻老是對她翻舊帳。原以為隨著時間流逝，女兒自然會明白媽媽的心意，可實際上卻完全相反。就算提議「把過去的事忘了，以後重新開始吧」，女兒也還是選擇緊閉心門。

不僅僅是這個案例，人際關係中大多數的矛盾，都起因於「控制感」。因此，當我們在對某人發脾氣時，有必要反省一下自己是不是屬於上述情況。

所謂的「控制感」，指的是相信自己對內心、行為或周邊環境擁有操控權。其實，控制感是生活中不可或缺的要素，因為能夠預測和控制狀況的自信，是人生重要的原動力。然而，如果打算操控的是「他人」而不是「自己」，就會引發一連串的問題。

前面提到的母女之例，就出現了「我如此努力，你應該按照我的期望行動」的控制感。雖然媽媽強調自己想和女兒好好相處，但實際上這種行為可能並未尊重女兒的情感。因為女兒目前尚未準備好，但媽媽卻總是逼問她為什麼不敞開心房。

同樣的，假設我們希望「另一半週末不要睡午覺，花時間陪孩子玩耍」，乍看之下好像理所當然，但這種心態其實也源自於控制感——因為我們期望的對象不是自己，而是他人。站在對方的立場上，也可以質疑「我平日都在工作，身體已經很疲倦了，為什麼週末還不能多睡一點」，雙方的矛盾就此展開。

因此，如果我們覺得有必要多陪陪孩子，就不要先指望對方，而是要從自身開始做起。換句話說，控制的對象是自己而非他人。不過，幾乎所有人都很難按照自身的想法行動，與人交往時，我們免不了心生期待，希望對方隨著自己的意願行事。若每個人都抱持類似的心態，相處時就自然而然會彼此厭倦。

別越過人際界線：刺蝟困境

希臘哲學家第歐根尼曾言：

待人如待火，
太近怕燙傷，
太遠怕凍僵。

另外，還有所謂的「刺蝟困境」，亦即在寒冷的天氣裡，刺蝟為了取暖而互相靠近，卻無可避免地被對方身上的刺扎傷，變得進退兩難。希臘哲學家的名言和刺蝟的故事有一個共通點：如果想減少創傷，不希望因關係而痛苦，就需要與人保持適當的距離。與親近的人維持距離感，並不是件可悲的事，人與人之間，就像森林裡的樹木一樣，需要留有空隙讓風得以吹過。

維持關係的適當界線

結構性家族治療的創始人薩爾瓦多・米紐慶（Salvador Minuchin），將這種人與人之間的距離稱為「界線」（Boundaries）。專門研究家族諮商的他，把界線定義為「個人和家人之間針對允許接觸量與種類的心理規則」，簡單來說，就是指家庭對個人的參與或干涉程度。而一個人對家人的界線，也可以作為家庭成員之間親密程度的指標。

在結構性家族治療中，將界線分為三種類型：僵化的界線、清楚的界線、模糊的界線。

僵化的界線，指的是「我是我、你是你」的想法過於強烈。因此，家庭成員們只是各自過各自的生活，彼此不溝通，關係也不親密。成員之間缺乏對彼此的付出和歸屬感，所以也不會互相幫助。屬於這種類型的家族，如果不是乾脆斷絕往來，就是只進行最基本的交流。

反之，模糊的界線是指彼此的界線不明確，亦即「我是你、你是我」的思維。換句話說，就是把家人視為共同體，「我的事就是你的事，你的事就是我的事」。這種類型，常見於愛火濃烈的新婚夫婦，兩人幾乎沒有距離感，希望融入彼此的生活。不過，事事參與或干涉對方的規劃，會出現個人生活消失的問題，我們經常能看到因為不允許對方獨立自主，侵犯個人領域而引發爭吵的案例。

三者中最健康的類型，就是清楚的界線，亦即「能獨立自主，又能團結一心」。每個人過著各自的生活，但遇到困難時，又會立即提供援助。感受到「我們」這樣的歸屬感，同時也認知到自己才是人生的主角。

家人之間因為距離太近，所以很多人會把自己和家人畫上等號。但是，即便同屬於家庭範疇，每個人也還是獨立的個體，必須明確劃分「自己」與「他人」之間的界線。嚴格來說，家庭成員也是「碰巧才成為了家人」。

父母的界線：子女不是我實現夢想的玩偶

有些父母在表達愛意時，會問孩子：「你是誰的寶貝啊？」聽到孩子回答「我是媽媽的寶貝」、「我是爸爸的寶貝」後，就笑得合不攏嘴，深刻地感受到幸福。當然，這種情形無可厚非。因為從媽媽的立場來看，孩子是從我的肚子裡誕生；從爸爸的角度來想，孩子是自己珍貴的血脈。但是，即使瞬間幸福滿溢，內心的某個角落仍須記住「孩子只屬於他自己」，尤其在子女超過二十歲時，更要做好這樣的心理準備。

我曾在路上看到一個小孩吵著要玩滑板車，但媽媽卻一口回絕：「不行，騎滑板車容易受傷！」接著，孩子哽咽地抗議道：

「身體是我的，應該由我來守護，所以摔倒的話也是我自己摔倒的，不都是這麼教的嗎？」

這個孩子，在情緒方面一定能健康地成長。

當然，站在父母的立場，可以勸戒孩子不要從事某種行為。不過，若想與子女維持健康的關係，就應該支持他們活出自己的人生，而不是按照父母的期望走。子女也是獨立的個體，假如自己心中有所期盼，不應該寄託在孩子身上，而是要由自己去完成。舉例來說，與其囑咐剛上小學的孩子「你以後一定要成為醫生，興家立業」，不如自己努力念書，振興家族。若你覺得辛苦，那麼對孩子來說也一樣。

假如孩子不願意照著做，父母就會開始嘮叨「你只要專心唸書就好，這有很難嗎？」，不僅控制了孩子的生活，還會導致彼此互相傷害。

其次，別讓子女認為父母的犧牲理所當然，對於纏著父母耍賴，要求買高價名牌服飾的孩子，與其好聲好氣地勸導「對不起，爸媽只買得起這件」，不如果斷地表明：「對我來說這件衣服是最合適的，如果你想買更貴的款式，就自己去打工賺錢，或是把零用錢存下來，用自己的積蓄買。」這種應答或許對父母來說很難，但如果想讓孩子活出自我，就必須遵守適當的界線。

此外，當子女超過二十歲時，也要重新確立成人與成人之間的關係。換句話說，父母與子女之間應該進一步劃清界線，不能老是把孩子當成襁褓中的嬰兒。

有些父母會擔心兒子或女兒過了四十歲還沒結婚，面對這種提問，法輪禪師如此妙答：

「唉呀，為什麼要這麼關心鄰居大叔呢？就別操心了吧！」

當子女超過二十歲時，就要像看待鄰居小夥子或小姑娘一樣，退到遠處觀察。當然，站在家人的立場，難免會為子女感到焦慮，但關心必須適可而止，孩子成年後，就要支持他們擁有自己的生活。人氣電視劇《山茶花開時》裡，盧圭泰也對總是干涉夫妻生活的母親抗議：

「媽媽是我人生的女主角嗎？我人生的女主角是子英、子英！媽媽現在應該退到旁邊去當配角了！」

聽起來或許很不是滋味，但這是人生中無可奈何的課題。唯有如此，雙方才能建立不互相傷害的健康關係。

子女的界線：擺脫父母的陰影

子女也一樣，有幾點必須牢記在心。

第一，未滿二十歲的青少年，應當受到父母的管控與保護。在諮商的過程裡，偶爾會遇到埋怨父母設定門禁時間的學生。當然，孩子的心情並非難以理解，青少年時期是同儕影響力大增的階段，與朋友玩得正高興時，突然接到父母催促回家的電話，內心肯定相當鬱悶。其實，隨著子女的成長，部分規定可以保留彈性空間，但有些父母無法做到這一點。

不過，最根本的原因，還是在於位階秩序未能明確地建立。舉例來說，在校時如果要外出，必須獲得導師的允許，對此沒有人會提出異議。雖然偶爾有些學生會擅自離校，但基本上大家都知道外出前應該向導師報備。因此，無故外出受到懲戒，學生大多會立刻承認錯誤，即使導師個性溫和，學生也知曉眼前的人是長輩。

然而，這樣的學生回到家後，卻有可能不向父母報備行蹤。在音訊全無的情況下玩到凌晨才回家，父母當然會擔心，但他們卻覺得「為什麼要綁著我？」、「該對我放手了」。之所以出現這種問題，是因為他們把父母當成了朋友。

父母與未成年子女的關係並非平起平坐，如果以金字塔來比喻，父母應該位於金字塔的頂端。從法律上來看，未成年人無論想做什麼，都必須獲得父母的同意，且不管本人是否情願，在經濟方面都會受到父母的保護與照顧。

第二，養成對自己人生負責的態度。尤其是在過了二十歲之後，就需要從金字塔關係中脫離，以成年人的角色和父母重新建立關係，成為獨立的個體。

舉例來說，「我想學音樂，但父母反對」，這句話如今已不再有效。站在父母的立場，可能會因擔心而反對，但如果我決定放棄音樂，不能再以父母當藉口，可能是內心存有不安，像是「我似乎難以在音樂方面有所成就」、「如果做不好的話該怎麼辦」等。假如真心想從事音樂相關工作，那麼即使每天吃泡麵度日，也不會輕言放棄，不是嗎？

在二十歲以後，請試著告訴父母：「感謝這段時間對我的養育，從現在開始，我會自己為人生做決定，並負起相應的責任。」如此一來，不管父母先前念叨了什麼，都會覺得你已經懂事了，這才是孝道真正的意義。

最後，父母的生活不幸福，不代表子女也必須走上同樣的路。然而，如果父母與子女之間的界線過於模糊，那麼即使拚命抗拒，也可能又落得相同的命運；亦即，一邊埋怨父母，一邊又活得像父母。

因此，若想擺脫束縛，就必須設立明確的界線。父母有父母的生活，而我也有我的人生。假如父母過分干涉我的決定，那麼在長大成人後，就必須懂得離巢，先拉開物理上的距離。

另外，如果內心總是對父母產生怨恨，那麼不妨以身為男人或女人的視角來看待爸爸和媽媽。追根究柢，父母也是獨立的個體，或許教養子女的方法不對，但他們也在自己所處的環境中盡了最大努力。

雖然父母經常帶給我們傷害，但他們也曾是被父母傷害過的子女。我們經常會忘記這項事實，誤以為他們打從一開始就為人父母。

兄弟姊妹的界線：既能獨立，也能團結

兄弟姊妹是從小就可以互相交流，獲得人際關係反饋的社會實驗室。「呀，你知道你那種行為很惹人厭吧？」這種直白的評價，在手足之間也可以毫無顧忌地說出來。兄弟姊妹互相學習合作、競爭、協商或支持，然後將在家中累積的經驗套用於社會，是成長過程裡非常重要的一段關係。

不過，在這段關係裡，彼此並不需要為對方負責。雖然父母的體系崩潰時，長子或長女必須發揮父母的功能，但這其實會對他們造成巨大的負擔，並不是一種健康的關係。

手足之間基本上都有「我們」的歸屬感，但與此同時，也要意識到人生的主人公終究還是「我」。

夫妻的界線：總想著一心同體，反而會互相埋怨

請在你們相依的世界中保留些許空間，
讓天堂的微風在你們之間舞動。
彼此相愛，但不要讓愛成為枷鎖，
讓愛像是你倆靈魂海岸之間流動的海洋。

——卡里・紀伯倫（Kahlil Gibran），《先知》（*The Prophet*）中的〈婚姻〉（*On Marriage*）

夫妻關係也是一樣的道理。從格式塔療法（Gestalt Therapy）來看，「夫妻共同體」的說法，其實屬於一種病理現象。這種心理被稱為「融合」（Confluence），當關係密切的兩個人認為彼此之間沒有差異時，就會導致「接觸—邊界混亂」，進而引發怨恨或失望的情緒。

不管對我的人生有多大影響，配偶終究也是他人，若無法認清這項事實，就會經常感到孤獨和受傷。連父母也不可能接受我們所有的情感與行為，更何況是配偶呢？假如把期待全放在另一半身上，只會不斷地招致傷痛。夫妻之間最好的關係是「交集」而非「聯集」，也就是獨處時自在、共處時快樂。

若與配偶之間界線模糊，很可能會出現下列的情況：

「現在幾點了，你怎麼還不回來？我一下班就直接回家，你跑到哪裡去了？」

「你也可以跟朋友約，或者享受一個人的閒暇時光啊！」

「你變了，現在不愛我了是不是？以後去哪裡、跟誰見面，都要向我報備。」

「什麼？你是覺得我好欺負嗎？我是你的僕人還是奴隸？每次都呼來喚去！」

希望配偶不管什麼事都能和我一起，理解我的心意，你就是我、我就是你……真的是件難以實現的事。每個人的心情和想法都只屬於自己，我們可以向配偶表達自身的想法與情感，但如果希望配偶也能有一樣的感受、思考和行為，就會成為一種強迫，導致兩人在一起時互相傷害。

親戚的界線：偶爾就當耳邊風

雖然以親戚的名義綁在一起，但實際上關係很遙遠。例如在諮商的過程中，有學生這樣說：「我有想做的事，但親戚們都不看好。」

於是，我反問道：「你說的那些親戚，一年會見幾次面？」

學生恍然大悟，笑著回答：「一年兩次。」

我們沒必要被一年只見幾次面的親戚影響，只要說「好，謝謝你的關心」，然後繼續朝自己的目標前進即可。

家庭是我們在毫無選擇之下，不得不經歷的人際關係，也是構成社會的基本單位。因此，這種「明確的界線」不只是在家庭，也是人際關係的基本。我們應該認知到人與人之間可以維持親密關係，但還是要忠於自己的人生。換句話說，我們必須承認對方與我是不同的存在，想法和行為有可能產生差異，如此一來，就不會總是指責或試圖改變對方，也能避免自己在人際關係中受創。

朋友的界線：多管閒事不代表親密

朋友是繼家人之後，親密交流最多、也最容易受到傷害的個人關係。友誼需要適當的親密感，同時也要具備某種程度的禮數。同樣的，朋友之間也需要設定界線。假如界線過於模糊，我們就會試圖改變朋友的喜好，還多管閒事地強調「一切都是為了你好」。

此外，如果界線過於模糊，我們也可能會犯下錯誤，例如把朋友的祕密告訴他人，這是絕對不容許發生的情況。聽到與朋友相關的閒話時也一樣，不必把他人的背後議論一字不漏地轉述給朋友。傳達壞話通常不會有好結果，當流言蜚語像乒乓球般傳來傳去時，要讓球在自己的手上停下來。以上種種情況，都是因為把自己和對方的關係想得太近，要記得，朋友之間也需要保持適當的距離。

同事的界線：親近或許是種貪欲

最後是和同事之間的關係，這種關係屬於社交距離，具有正式的業務性，應避免過於私人的提問或肢體接觸，對話時也要保持一定的禮儀。

同事之間需要注意的重點，就是職場並非我們累積交情的地方，而是一種工作場合，目的在於付出自己的勞力，換取薪資來維持生計。

在職場上沒必要公開自己的私生活，只要把份內工作完成即可，渴望在公司建立長久的人際關係，其實是一種天真的期待。雖然每天都會和同事見面，但我們不該去探聽他人的隱私。

當然，在職場上也有可能遇到真正的朋友，不過那是非常稀少且幸運的情況。在公司裡就算遇到好同事，私底下能否與對方變親近也是一個問題。反之，同事與我不合的狀況相當常見，因為這段關係原本就不是由我主動選擇。

距離之美

韓國詩人安度昡在詩作〈間距〉中提到，若仔細觀察鬱鬱蔥蔥的樹林，就會發現它們各自保持著距離。

遠望時不曾發現，
以為樹和樹緊緊相連，
並肩形成森林。
沒想到，樹與樹之間，
藏著或近或遠的間隔。
進到大火席捲後的森林，才發現，
樹木會盡可能地延展。
絕不能貼在一塊，

必須要分開矗立。
樹與樹之間有了距離，
才合成鬱鬱蔥蔥的森林。

就像這首詩寫的一樣，人與人的關係有親近就有疏遠。如同樹木也需要各自的陽光與微風，人們也應該分別保持適當的距離，唯有如此，才能建立並維持一段健康的關係。

對說謊的人發脾氣也沒用：雷普利症候群

電影《政客誠實中》裡的主角，是一位選舉前夕突遭事故，無法再說任何謊話的國會議員。過去的她，總是用充滿自信的語調高喊：「我會把這裡打造成韓國最富庶的地區」；如今的她，卻喪氣地表示：「大家不是都知道嗎？這裡絕不可能變成韓國最富庶的地區。」此外，以前的她到處承諾「我是選民的跑腿人」，現在卻脫口而出「選民是我的跑腿人」，嚇得她趕緊把嘴摀住。接著，就出現了主角祈求「請讓我能再度說謊」，這樣既搞笑又悲傷的場面。

只說實話的獨行俠，真的沒問題嗎？

在《老實人上天堂，會說謊無往不利》一書中，作者也曾提到：「過分的謊言，對關係沒有幫助；但成功的謊言，反而能鞏固關係。」此外，「我們的道德標準認定，如果經常撒謊，很可能落得孤單一人」，但其實有一點更為明確，「如果我們經常毫無隱瞞地說出真相，才會真正地變孤單」。

讓我們一起看看下列的情境。假設有位不是很熟的同事，問你：

「下週要不要一起吃午餐？」

而你卻回答「可是我不想和你走太近耶，我對你沒興趣，每次聊天都覺得很悶，和你單獨吃飯太浪費時間了」，結果會如何呢？

你的坦率，會給對方帶來巨大的衝擊和傷害，樹立不必要的敵人。因此，大部分的人都會說：「啊，但我下週有新案子，應該會非常忙，下次有空再一起吃飯吧！」也就是在不傷害對方的前提下，以說謊的方式來表達自身想法。

再舉個例子。假設你需要找人幫忙籌備活動上的餐飲，已經被四個人拒絕了，現在正準備打電話給第五個人。在這種情況下，用什麼方式拜託對方比較好呢？

「其實是這樣的，準備活動上的餐飲本來就很麻煩，而且食物要好吃，以後才不會被抱怨，大概是因為這個原因，前面四個人都拒絕了。」以這樣的話作為開場白，效果會好嗎？或者應該告訴對方：「就我來看，你做的菜最好吃，大家都想吃你做的料理」，才比較容易達成目標？我想，任誰都覺得最好不要揭露前面已有四個人婉拒比較好吧？

可能會有人感到混亂，質疑：「想和他人好好相處，難道非說謊不可嗎？」因為我們從小就讀過《放羊的孩子》之類的童話，從中學習到說謊可能會導致嚴重的損失，是一種不好的行為。

有益的謊言與有害的謊言

謊言也有種類之分，而且根據類型不同，有些適合用於應對，有些則會對關係造成極大的危害。首先，謊言也是社會習俗的一部分，就是人們常說的禮貌用語，正如前面所提到的例子，這些謊言在社會生活上不可或缺。

「今天的聚會真開心，下次再見！」

（啊，終於結束了，今天的聚會真的很無聊，以後盡量不要見面比較好。）

第二，為了對方好而說謊，通常是基於保護或激勵。由於目的在於加深彼此的情誼，所以不會對關係造成危害。

「我認真聽完你的報告，能感覺到你對此下了許多苦功！居然能提出這樣的想法，真的很新穎！」

（嗯，其實我一邊在想其他事，聽完就忘了。）

從現在開始，使用到內文提及的謊言時，務必非常謹慎小心。當然，面對突發狀況或不得已的情境時，免不了得要說謊，但能不用就盡量別用。假如已經說了謊，那麼為了自己的安危著想，千萬不要被他人揭穿。

首先是防禦性謊言，主要用來躲避他人的攻擊，藉此自我保護。

「文件都填完了，但我忘了按儲存鍵。」

（文件尚未填完，還需要一點時間。如果有哪裡缺漏，請多多體諒。）

「奶奶病危，我現在要去探望一下她，對不起！」

（其實奶奶十年前已經去世了。）

其次是攻擊性謊言，用於傷害他人，或者為自己謀取利益。

「那個人到處說你的壞話。」

（如果兩個人關係決裂，我就要選邊站。）

這種謊言如果多次被揭穿，就會對自己的聲譽造成損害，淪為無法獲得他人信任的「放羊的孩子」。

過去有新聞指出兩位知名演員在片場發生激烈的衝突，也就是所謂的「姐姐，你是不是對我不滿？」事件。在這起衝突當中，一方強調「年紀小的後輩總是對我使用半語*，所以我也不知不覺變得憤怒」，而另一方則主張：「我沒有對前輩使用半語。」後來，有位工作人員公開了現場影像，發現年紀小的演員的確對前輩使用過半語，輿論也瞬間翻轉。比起在片場大發雷霆的演員，主張自己沒有使用半語的演員受到了更多指責，而這樣的辯駁，就屬於前述的防禦性與攻擊性謊言。其實，這位年輕的演員只要承認自己的過失，並爽快地向前輩道歉，事情就不會演變到如此嚴重的地步。

最後是病態的謊言，也就是將事實和幻想混為一談。

「我同時考上了世界頂尖的哈佛大學和史丹佛大學，真的！」

就像這樣，明明不是事實，但當事人卻堅信自己沒說謊。這種情況，又稱為「雷普利症候群」（Ripley Syndrome），這一類的人會不斷捏造虛偽的事實，而且完全沒有意識到自己在說謊，通常需要接受專業的諮商和治療。

＊韓國是個重視輩分的國家，在說話時有所謂的「敬語」、「半語」之分。凡是面對比自己年紀大的對象都必須使用敬語，意即下對上的關係，如父母、兄姊、上司、前輩等；而半語則是用於比自己年紀小的對象，意即上對下的關係，如孩子、弟妹、平輩或親密的朋友等。

對說謊成性的人發脾氣，依舊改變不了對方

其實，說謊需要有聰明的頭腦，因為說謊是一種說服他人的行為，必須同時整合各種訊息，並且迅速地做出判斷。此外，還需要有記憶力、共感能力、表達能力、情況預測能力等後設認知能力。

不過，說謊成性的人通常名聲都不好，因為對方會覺得自己受到欺瞞。無法識破謊言，還按照當事人的意願行動，光想就讓人倍感氣憤。因此，為了拆穿那些巧妙的謊言，我們會做出各種努力，像是細心蒐集證據、觀察對方是否眼神閃爍，或者說話時經常「嗯……哦……」地支支吾吾。

但是，在識破對方的謊言後，究竟該怎麼辦呢？面對偶爾撒謊的人，難道要直接斷絕往來嗎？事實上，在發現對方說謊後的這段時間，對關係的存續有著重要影響。如果強烈抗議，被揭穿的一方或許會請求原諒，並承諾自己以後絕不再犯。但與此同時，又在心裡暗下決定，「唉呀，真倒楣，被發現了，下次一定不能露出破

綻」、「以後說謊時要更加縝密」。

多倫多大學的李康（Kang Lee）教授，對此進行了一項有趣的實驗。首先，研究人員和受試者展開一場簡單的遊戲，並囑咐他們不要回頭看。接著，研究人員暫時離開座位，然後用攝影機偷偷確認現場的情況，觀察受試者是否真的有遵從指示。後來，研究人員再回到座位繼續玩遊戲，並按照組別的不同，分別講了不一樣的故事。

受試者一共分為三組，第一組聽到的故事，是《小木偶》或《放羊的孩子》，亦即說謊時會受到懲罰。第二組聽到的故事，是喬治・華盛頓小時候砍倒父親心愛的櫻桃樹，後來自己坦承過失，而父親則以「我失去櫻桃樹，但得到一個誠實的兒子」作結，原諒了華盛頓；亦即，坦率承認自己的錯誤才是勇敢的行為。而最後一組聽到的故事，則完全和謊言無關。

實驗結果發現，比起說謊會受到懲罰等內容，受試者在聽到正直行為受肯定的故事時，說謊的比率明顯降低。換句話說，帶有訓誡意味的故事或威脅，並沒有想像中那麼有效。

因此，如果不喜歡有人對我說謊，平時最好從預防的角度出發，明確地表示「我比較希望聽實話」、「我喜歡誠實的人」等。此外，如果對方先說謊再自首，或者謊言被我揭穿，也不要過於憤怒或一味地指責，應該讓對話的焦點集中在如何共同應對情況。唯有如此，下次對方說謊的機率才會降低，關係才能繼續保持和諧。

面對頑固的人，放飛才是解方：觀點取替能力

在日常生活裡，我們偶爾會遇到思維死板、完全無法溝通的人。明明給了對方更好的答案，但對方卻堅持自己的主張，給人一種對牛彈琴的鬱悶感。他們是俗稱的「獨裁者」，讓人在對話的過程裡，不由自主地捶胸頓足；也有人稱他們為「老頑固」或「牛脾氣」，或者被年輕人形容為倚老賣老。他們的悲劇，源自於堅信自己才是對的，其他人的論點都不正確。換言之，他們完全把別人的話當成耳邊風，只顧著提出自己的看法，若碰到意見相左的情況，態度還會突然變得具有攻擊性，因此絕不可能與他人好好溝通。固執且死板的人，無法理解世上有人價值觀與自己不同。

倔脾氣與年齡無關

我們經常認為，固執又死板的人大多是高齡的長者，不過，讓我們來看看下面的事例。

一位女性吐露了自己的煩惱：她希望以後可以和外國人結婚，但父親卻堅決反對。對此，她忍不住嘆氣道：「爸爸是不是太固執了？」就女兒的立場來看，結婚對象只要「個性善良即可，國籍有什麼關係？區分種族是充滿偏見又狹隘的思維」。

讓我們重新思考看看吧！雖然如今價值觀產生極大的變化，但有多少父親面對適婚年齡的女兒，能夠爽快地表示「好吧，只要你喜歡，我就同意」，對女兒和外國人結婚的想法毫無異議呢？不管對象是誰，站在父親的立場，都會覺得自己漂亮的女兒像是要被偷走了一樣，更何況是語言不通的外國人？欣然同意的父親肯定屈指可數。在多數情況下，爸爸會跳起來反對：「就算我眼睛瞎了也不行！」那麼，在同年齡層中，符合「多數意見」的父親，真的算是思考狹隘嗎？

正如少數意見不能被看作是偏狹一樣，多數意見也很難被判定為狹隘。不過，此處的關鍵不在於意見是多數或少數，之所以列舉父女的案例，是想說明不能因為對方意見和我不同，就斷定對方思考狹隘。追根究柢，在與他人對話的過程裡，最重要的其實在於「態度」。

他人與我想法不同是理所當然的現象，但若只因彼此意見不同，就選擇乾脆不聽對方講話，這種態度就是狹隘。因此，在前文提到的案例中，雖然女兒抱怨爸爸既死板又固執，但換個角度來看，態度偏執的或許是女兒。亦即，她不願承認對方有可能與自己想法不同。就像這樣，死板或固執的態度，其實與年齡沒有太大的關係，有些老人會願意聽取他人的想法，有些年輕人則堅持自己的主張才是對的。

以放飛的態度面對牛脾氣

若碰到有人困在自己既定的框架裡，我們該如何應對呢？首先，在交談的過程中，一定會非常鬱悶，以至於想重新修整對方的大腦迴路。不過，這樣的欲望只是一種試圖控制他人、不切實際的幻想。

即使嘗試對話，兩個人也彷彿處於平行狀態，各自帶著不同的有色眼鏡，溝通怎麼可能順利呢？這種時候，選擇放飛才是最好的辦法。尤其是在階級嚴明的場合裡，除了當事人之外，周邊的人一定都知曉對方既頑固又死板，所以我們沒必要刻意衝撞，否則只會有種對牛彈琴的挫敗感。面對脾氣倔強的人，我們要能放空自己的靈魂，像機器一樣回答「好」、「對」、「是」，別把對方的話放在心上。無論提出多麼客觀、準確的依據，他們也只會不斷否認，覺得一切都是錯的，然後無視你的看法。若不想被氣到暈倒，最好不要在這種地方過於堅持。當然，我們可以提出不同的想法，但應該只是簡單地告訴對方「也可以這樣分析」，如果試圖改變對方的思維，只會讓自己更加痛苦和受傷。

那麼，如果不是上對下的關係，和對方以後也不會再見到面，我們可以如何應對呢？這時，「以牙還牙，以眼還眼」就是最有效的策略。若不是由我先挑起是非，而是對方害我蒙受損失，那麼不妨適當地進行報復，例如對方指責「你竟敢～」，我們也可以反駁「你哪來的膽子～」。不過，有一點需要格外留意，當年長者與年幼者發生爭執時，年紀輕的人通常會受到較多道德方面的責難。若一心只想著討回公道，行動前不妨評估看看：我真的要為這個只有一面之緣的人，消耗自己珍貴的能量嗎？以同情的眼光看待對方，選擇不與對方計較，也是一種可行的方法。

換個角度思考：「沒錯，你的立場可能與我不同」

假如家人或好友當中，有人特別固執的話該怎麼辦呢？每次對話時，心中都免不了一陣鬱悶，面對這種情況，我們可以嘗試培養自己的「觀點取替能力」（Perspective-Taking），也就是從對方的觀點出發，理解他的心情、感受與想法等。唯有充分具備這項能力，才能打從心底說出：「沒錯，站在你的立場，的確有可能那麼想。」

若缺乏這種能力，就很難體會人們在其他情境中的想法，而是以自我為中心思考，覺得對方「無法溝通」，然後感到鬱悶和沮喪。因此，在社交互動方面，多少會面臨困境。相反的，觀點取替能力優秀的人，能夠順暢地認知並理解他人的意見，通常具有極佳的共感能力，也可以建立圓滿的社交關係。

想培養觀點取替能力，首先要訓練自己從各種不同的角度進行觀察。

具體來說，第一，可以運用班傑明・富蘭克林（Benjamin Franklin）的「心智代數」（Moral Algebra）法。這個方法與優缺點列表法非常相似，也就是將紙張分成兩半，針對某一項主題分別於兩側寫下優點和缺點。接著，慢慢瀏覽每個項目，根據其重要性進行編號，並將重要度相同的優點和缺點從列表中刪除。

以前述的故事為例，父親和女兒可以各自羅列「和外國人結婚」的優缺點。當然，結論有可能與自己最初的想法一樣，但這種方式，可以幫助自己檢視過去未曾考慮到的部分。

第二，可運用「六頂思考帽」（Six Thinking Hats），這是由馬耳他的心理學家愛德華・狄波諾（Edward de Bono）所提出，能夠幫助我們針對一項主題進行各種角度的思考。亦即，輪流戴上不同顏色的六頂帽子，以各種帽子的思維模式來看待當下面臨的情境。舉例來說，戴上白色帽子時，就觀察該情況的客觀事實；戴上紅色帽子時，就想像一下面對相同情境時的情緒與感受。六頂帽子對應的思維模式如下：

白色思考帽	中立、客觀的思考，查看事實、數據、訊息等。
紅色思考帽	直覺、情感的思考，專注於感受、第六感、直覺、預感等。
黑色思考帽	負面、悲觀的思考，分析缺點、負面評價、失敗的可能性等。
黃色思考帽	樂觀、積極的思考，分析優點、正面評價、成功的可能性等。
綠色思考帽	創意性、生產性的思考，探索新觀點、有趣的想法、各種解決方案等。
藍色思考帽	理性的思考，組織思維順序，得出結論與決策。

當然，針對某一主題有自己一貫的想法是好事。不過，我們要避免把他人的意見視為零價值，甚至出現強迫等行為。平時要養成從各種角度思考的習慣，時刻留意對方「想法或立場有可能與我不同」。

所有關係，都和演戲無異：自我監控與自我呈現

在人際互動方面，有一點需要特別小心：千萬別露出自己最真實的一面，否則可能會毀掉你寶貴的人際關係。乍看之下似乎很難理解，但這卻是不容置疑的事實。即便是愛孩子勝過一切的父母，也不可能接受孩子的所有情緒和行為，所以我們怎麼能期待他人來擔當這樣的角色呢？通常在誤以為自己可以展露真面目時（尤其在戀愛關係中會強烈感受到這種誘惑），關係就會逐漸走向破裂。

例如在戀愛初期，為了贏得對方的好感，行為舉止總沒那麼誠實，像是在鞋子裡加鞋墊增高、把妝容修整得更加精緻等。不過，隨著時間流逝，當自己逐漸露出內心或外貌的真實面時，若對方表現出嫌棄的樣子，我們就要懂得察覺並收回自己的坦率。從這一刻起，就像是面臨一場驚險的走繩競賽。

有人會喜歡我最真實的模樣嗎？

若抱著「這就是最真實的我，我的出生不是為了討你歡心」的態度，無異於放棄彼此的和諧關係。此外，有些人覺得「唯有展現自己真實的模樣，才能遇到真正喜歡我的人」。當然，如果能找到這樣的對象（機率很低），那該有多麼幸福，對方無疑是值得我感謝與珍惜的人。

但是，你知道嗎？大部分人僅在雙方存有好感的階段，願意接受所謂的「真實面貌」。亦即，我們只會喜歡值得我們喜歡的部分。試想一下，假如你在家裡精心準備好飯菜，但另一半回到家後卻只負責吃，不會主動幫忙整理，你真的有可能百分百喜歡他的這種樣子嗎？隨著時間過去，一定會忍不住質疑：「我真的可以和他結婚嗎？以後會不會家事都是我一個人全包？」除非像前文提到的一樣，在心中設有非常明確的界線，例如「我只為心愛的人做飯，反正我一個人吃也要洗碗，只要他陪在我身邊就夠了」，否則是不可能實現的。

雖然很可悲，但人生說到底就是一場不斷延續的話劇。指稱「人」的英文單字

「Person」，語源就來自話劇演員們使用的面具「Persona」。換言之，我們如果想要獲得對方的好感，就要像在舞台上的演員一樣，不斷做出對方喜歡的行為。光有心意是不夠的，還必須迎合對方的喜好。

自我監控：根據狀況調整行為

對此，心理學家馬克．斯奈德（Mark Snyder）提出了人際關係中「自我監控」（Self-Monitoring）的概念，也就是調整自身行為以適應社交場合的能力。自我監控能力強的人，善於觀察他人非語言的表情或行為，若判斷「主管今天心情不太好」，就會開始做出相應的舉措，像是延後傳達壞消息、工作時盡量小心謹慎等，懂得察言觀色再付諸行動。

相反，自我監控能力低的人，不太關心他人的反應，只是一味按照自己的心意行動。例如吃東西時不斷發出咀嚼聲，或者想到哪裡、講到哪裡——就算內容與當下的情境無關。

而自我監控能力強的人，能夠仔細觀察周圍的人，在他人心中留下良好印象，獲得正面的反饋，若以藝人來舉例，可說非劉在錫莫屬。這類型的人，會精準記住對方說的話，不僅懂得專注聆聽，也擅長解讀他人的情感。出演某電視節目的演員黃承言，曾表示自己最尊敬的前輩就是劉在錫，原因是對方相隔兩年再見到她時，竟親切地喊出了她的名字。黃承言有很長一段時間默默無名，所以壓根沒想到劉在錫會記住自己。就像這樣，自我監控能力強的人，經常會讓人大感意外，覺得「到底是怎麼記住的」。

反之，自我監控能力差的人，對周圍情境和社交關係顯得較為冷漠和遲鈍，亦不打算修飾自己想說的話或表達方式。比起對方的反應，他們更傾向按照自己的性格、信念、價值觀或情緒來行動。這類型的人，不太會說謊或奉承，習慣堅持己見，因此很常收到周圍人的負面評價。

某位藝人就經常做出類似的行為，完全不管當下情境，想到什麼說什麼，或者不喜歡某人的言論，就毫不掩飾地表露不滿，反駁對方「你在胡說什麼」。因此，這位藝人受到相當多指責，也度過一段自我反省的時期。自我監控能力差的人，難以適當地應對周遭環境，傾向按照個人的意願行動，在極端的情形下，還有可能失去朋友、戀人、同事或職場。

自我呈現：決定讓他人看到我的哪一面

人類是渴求互動的社會性動物，因此，他人如何看待我，是人際關係中非常重要的議題。若想在他人心中留下正面積極的印象，就必須了解並活用合適的技巧。接下來，可以用「自我呈現」（Self-Presentation）進行說明。

自我呈現的涵義十分廣泛，通常指的是管理自身形象並傳達給他人。例如面試或相親時，我們會特別注重服裝與髮型，而平時在日常生活裡，我們也會藉由炫耀或威脅等方式，讓對方不敢隨意對待我。此外，諸如眼淚、道歉或奉承等，也都屬於自我呈現的範疇。

自我呈現又分為短期與長期。短期自我呈現，指的是在當時的情況下，對他人產生影響；長期自我呈現，指的是「我希望自己成為怎樣的人」，在樹立目標後，徹底改變自我的形象。舉例來說，在需要錢的情況下，刻意向對方阿諛奉承，就屬於短期自我呈現；努力地管理身材，試圖改變自己的整體外貌，就屬於長期自我呈現。

當然，自我監控能力強的人，對於自我呈現也更加擅長，他們能夠尋找並活用各種線索來提升自己的形象。反之，自我監控能力差的人，通常會按照自己原本的模式行動，沒有想特別展示給他人看的自我呈現。

這種能力，在職場上也會顯現出差異。自我監控能力強的人，能快速掌握或判斷情況，對組織裡的成員感興趣，所以容易察覺同事之間的糾葛或矛盾。由於他們擅長取得各式各樣的資訊，在主管的眼裡相對出色，所以晉升的速度有可能非常快。相反的，自我監控能力差的人，更偏好心理方面的穩定，而非迅速的升遷或權力。換句話說，他們只要個人感受到自在，就不覺得有什麼問題。因此，比起和不同的人建立關係，他們更喜歡和特質相近的對象奠定深厚的情誼。

設定自我呈現的方法

自我呈現的範圍很廣，在此只能介紹概括性的方法。雖然每個人追求的自我呈現不同，但基本的方法如下：

第一，觀察自己平時的模樣。分析看看自己平時在他人眼裡是什麼樣子，以及有哪些正面或負面的評價。

第二，針對負面評價尋找替代行為。此處指的不是無條件做出改變，而是必須知道再次面臨相同的情境時，能夠以何種方式進行應對。如此一來，日後才有機會做出不同的選擇。

第三，透過書籍或電影來提高人文方面的感性，間接體驗並學習各種人物解決和應對矛盾的方式。

第四，在日常生活中，具體了解自己想成為什麼樣的人，這麼做有利於長期自我呈現。前述的短期自我呈現屬於一種臨機應變，但長期自我呈現只要努力不懈地實踐，就可以自然而然地化為現實。

自我監控與自我呈現的必要性

有些人可能會對自我監控與自我呈現心生反感，認為這麼做相當於看他人的臉色。但是，擁有這兩項能力，代表自己善於判斷局勢，懂得針對各種情況採取適當的行動並非壞事。

在我們的觀念裡，「真心」是一種寶貴的價值，所以我們堅信不管面對任何情況，都必須坦誠相待，審時度勢只是一種虛偽的做法。然而，真心和表現出來的行為是兩回事，真心不一定會流露在行動上，所以就算我們內心充滿好感，對方也很可能感受不到那股情緒。我們必須在行為上表現出來，才能讓對方發現「啊，原來這個人喜歡我」。

此外，我們本來在職場、家庭或交友時，就會展現出不同的面貌。例如週末在家休息時，可能會摸著圓滾滾的肚子癱在沙發上，但突然接到主管的電話，就會瞬間打起精神，正襟危坐地恭敬回話。這樣的經驗，我想每個人至少都經歷過一次。

試想一下，假如婆婆對媳婦說：「你就把這裡當作自己家吧！」結果媳婦卻回答：「嗯，我知道了~今天的午餐是什麼啊？又是大醬湯？啊，好膩哦！我煮泡麵來吃就好。」那麼情況會變得如何呢？

因此，按照情況採取不同的行動，是善於適應環境的一種能力，也是百分百的優勢。承認吧，如今的時代，無論名聲多麼響亮，都不可能無條件獲得掌聲。

只要有一個人支持我就夠了：心理韌性

電影《星際過客》中有一艘名為「艾瓦隆號」的星艦，準備離開地球前往新的行星。這趟旅程預計花費一百二十年的時間，搭乘者共有五千二百五十八人，直到抵達目的地為止，所有人將呈現冬眠狀態。不過，在飛行途中，星艦意外撞上了某顆巨大的行星，陰錯陽差讓某位男子醒了過來。他睜開眼睛一看，發現其他人都還處於熟睡狀態，而距離目的地還有九十年的時間。無法返回地球，也沒辦法送出求救訊號，這名男子直到死之前，都只能一個人撐下去。慶幸的是，他在星艦中衣食無憂，而且還有娛樂活動可供消遣，只是，身邊沒有和自己一樣活著的「人」。

面對這種情境，你的感受如何？一輩子都可以發懶不去工作，不用遇到討厭的人，不會受傷，想做什麼就做什麼。當然，剛開始有些人會覺得很棒，但真的能一直這樣生活下去嗎？果斷回答「可以」的人寥寥可數，這就是為什麼大部分人不會因為「崇尚自然」就到無人島或深山裡生活。

人不可能離群索居

正如前文所提到的，雖然「他人即地獄」，但因為有其他人的存在，我們才得以建立關係，並且從中獲得益處。

首先，與他人建立有意義的關係，會比獨來獨往還要更為健康和長壽。據健康心理學家羅伯茲（Theodore F. Robles）的研究，無論夫妻倆如何「相愛相殺」，罹患癌症、憂鬱症或流感等疾病的機率，都比獨自一人時來得低。

除此之外，在社會心理學家西蒙娜・施納爾（Simone Schnall）的一項研究中，曾經請受試者們從陡坡上走下來。受試者共分為兩組，其中一組是「單獨」行走，另一組則是和朋友「結伴」同行。接著，研究人員請受試者們推測山坡的傾斜程度，而實驗結果發現，獨自行走的人會覺得山坡更加危險。就像戰爭電影中出現的場面一樣，在必須忍受極端溫度的實驗裡，看著對自己有意義之人的照片，便能忍受更長的時間。

有人可能會問，是否要有意義或親近的人際關係，才會對我們有幫助呢？其實不一定，對於初次見面之人，我們也會產生依賴之心。

心理學家菲利普．津巴多（Philip Zimbardo）曾做過一項實驗，他將受試者分成兩組，並預告其中一組將接受讓心情愉快的電流刺激，而另一組的電流刺激則會導致心情沮喪。接著，在休息室等候的期間，研究人員詢問受試者要一個人待著，還是和其他人一同度過。結果發現，得知自己將接受負面電擊的人，就愈傾向和他人待在一塊。由此可見，人與人之間其實會彼此需要。

為什麼需要在社交關係上花心思？

社交關係不順時，會遇到怎樣的問題？心理學家威廉．詹姆士（William James）將受試者分成三人一組，進行互相傳球的遊戲。但是，不知從何時開始，傳球只剩兩個人在丟來丟去，彼此嬉笑打鬧。在這種情形下，剩下的那個人會有什麼樣的反應呢？

其實，互相傳球的兩人是事先安排好的工作人員，真正的受試者完全被蒙在鼓裡。乍看之下，三人平時沒有交情，當天才第一次見面，而且傳球遊戲並非受試者主動選擇，是在研究團隊的指示下進行，感覺不該有問題。不過，在短短的十秒內，受試者會忍不住思考「我是不是做錯了什麼」，然後開始察言觀色。接著，他會露出沮喪的神情，覺得「這兩個人好像討厭我」。

此外，多倫多大學的心理學家鍾謙波（Chen-Bo Zhong）與傑佛瑞・雷奧納德里（Jeffrey Leonardelli）發現，當我們遭受拒絕時，身體感受到的溫度會低於實際氣溫，且更傾向選擇熱飲而非冷飲。換句話說，所謂的「心寒」會實際影響到身體狀態。

不僅如此，還有其他研究結果指出，人們在遭受排擠後，智商會大幅降低，並且出現暴飲暴食或酗酒的症狀。另外，當事人也會經常想像自己報復加害者，甚至實際向對方展開攻擊。美國杜克大學的馬克・利里教授亦在校園槍擊事件的研究中發現，大部分加害者都有被其他同學反覆排擠的經驗。

在泰國，曾有霸凌受害者於相隔五十三年後，回頭殺害學生時期折磨自己的同學。當時，他在同學會上向加害者問道：「十六歲那年，你為什麼要一直欺負我？」可是對方卻說自己完全沒有印象，要他忘記過去的事，拒絕向被害人道歉。於是，已經六十九歲的他，就在憤怒之下殺害了對方。據受害者身邊的人表示，每當喝醉酒時，當事人就會不停提到當年的痛苦，可見被霸凌的經驗有多麼殘忍和煎熬。

只要有一個人在身邊就夠了

建立有意義的關係固然重要，但我們也不必強迫自己和不喜歡的人來往。據心理學實驗證明，在社交方面，只要有一個對象就夠了。

美國發展心理學家埃米．維爾納（Emmy Werner），曾對出生於夏威夷考艾島的八百三十三名孩子進行了數十年的觀察。在這場大規模的實驗裡，她特別關注二百零一位在不幸環境中長大的孩子，他們不僅家境貧窮，家庭失和，而且父母之中至少有一人罹患精神疾病或者對酒精中毒。當三十年後再見到這些孩子時，研究團隊發現有一半以上的人，都與父母走上了相同的道路。

不過，令人意外的是，有三分之一的孩子，依然健全地長大成人。他們獲得了某種程度的社會地位，奠定經濟基礎，然後組成和睦的家庭。埃米・維爾納對這七十二人進一步展開研究，結果找到了他們之間的共通點。

其中一項共通點，就是他們並非「獨自一人」。在惡劣的環境裡，總有一個人不斷在身邊給予支持，不論那個人是老師、奶奶或鄰居。他們傾聽孩子的心聲，讓孩子在心理方面感到安定，是成長過程裡不可或缺的心靈支柱。韓國禪僧法頂禪師在〈緣分〉一文中，亦提到類似的概念：

我們必須懂得區分真正的緣分和短暫的關係。面對真正的緣分，要竭盡全力地把握；若只是短暫的關係，就要提得起、放得下。假如我們無法區分二者的不同，奢求與所有人都保持良好關係，那麼就很容易錯過真正的緣分，在孽緣中受到創傷與苦痛。結緣不能過於隨性，連擦肩而過的人也想牢牢抓住，就只會對自己造成不必要的消耗。雖然在生活中我們會與許多人接觸，但人生在世真正需要的，其實也只有身邊的幾個人而已。只要能與他們締結真正的良緣，就足以創造美好的人生。

在人際關係中受傷，其實正意味著我們渴望與對方保持良好的關係。但是，這樣的目標或許從一開始就遙不可及。正如法頂禪師所言，我們不必和每個人都結緣，只要有一個對象就夠了。找到那樣一位重要的人，維繫彼此之間的珍貴緣分，才是真正有意義的關係。前文提及的電影《星際過客》，男主角最後也找到了另一半，兩人相依為命地走完餘生。

國家圖書館出版品預行編目資料

給大人的關係心理學：建立界線的藝術，找回關係主導權，打造無懼人言的強大內心 / 柳惠寅著；張召儀譯 .-- 初版 . -- 臺北市：日月文化出版股份有限公司，2024.12
296 面；14.7*21 公分 . --（大好時光；87）
譯自：모든 관계는 심리학으로 풀린다
ISBN 978-626-7516-80-5（平裝）
1. 人際關係 2. 生活指導
177.3　　113016315

大好時光 87

給大人的關係心理學

建立界線的藝術，找回關係主導權，打造無懼人言的強大內心

모든 관계는 심리학으로 풀린다

作　　者：柳惠寅
譯　　者：張召儀
主　　編：俞聖柔
校　　對：俞聖柔、張召儀
封面設計：之一設計室／鄭婷之
美術設計：LittleWork 編輯設計室

發 行 人：洪祺祥
副總經理：洪偉傑
副總編輯：謝美玲
法律顧問：建大法律事務所
財務顧問：高威會計師事務所
出　　版：日月文化出版股份有限公司
製　　作：大好書屋
地　　址：台北市信義路三段 151 號 8 樓
電　　話：（02）2708-5509　傳　　真：（02）2708-6157
客服信箱：service@heliopolis.com.tw
網　　址：www.heliopolis.com.tw
郵撥帳號：19716071 日月文化出版股份有限公司

總 經 銷：聯合發行股份有限公司
電　　話：（02）2917-8022　傳　　真：（02）2915-7212
印　　刷：軒承彩色印刷製版股份有限公司
初　　版：2024 年 12 月
定　　價：380 元
I S B N：978-626-7516-80-5

生命，因**閱讀**而**大好**